U0607995

青蓝工程
专业能力必修系列

初中 化学教师 专业能力必修

chuzhong huaxue jiaoshi zhuanye nengli bixiu

教育部基础教育课程教材发展中心　组编

编委会主任：曹志祥　周安平
本　册　主　编：刘克文
副　主　编：高秀岭　刘敬华　周业虹

西南师范大学出版社

全国百佳图书出版单位　国家一级出版社

图书在版编目（CIP）数据

初中化学教师专业能力必修/刘克文主编. —重庆：
西南师范大学出版社，2012.12
　（青蓝工程系列丛书）
　ISBN 978-7-5621-6068-7

Ⅰ.①初…　Ⅱ.①刘…　Ⅲ.①中学化学课－教学
研究－初中－师资培训－教材　Ⅳ.①G633.82

中国版本图书馆 CIP 数据核字（2012）第 277336 号

青蓝工程系列丛书
编委会主任：曹志祥　周安平
策　划：森科文化

初中化学教师专业能力必修
刘克文　主编

责任编辑：杨光明　鲁　艺　陈　龙
封面设计：红十月设计室
出版发行：西南师范大学出版社
　　　　　　地址：重庆市北碚区天生路 1 号
　　　　　　邮编：400715　市场营销部电话：023-68868624
　　　　　　http：//www.xscbs.com/
经　　销：新华书店
印　　刷：重庆五环印务有限公司
开　　本：787mm×1092mm　1/16
印　　张：11.75
字　　数：200 千字
版　　次：2012 年 12 月　第 1 版
印　　次：2012 年 12 月　第 1 次印刷
书　　号：ISBN 978-7-5621-6068-7

定　　价：24.00 元

若有印装质量问题，请联系出版社调换

版权所有　翻印必究

《青蓝工程》
编委会名单

丛书编委会

主　任	曹志祥　周安平
副主任	付宜红　米加德
编　委 （按姓氏拼音排序）	程光泉　顾建军　金亚文　李力加　李　艺 李远毅　林培英　刘春卉　刘克文　刘玉斌 鲁子问　毛振明　史德志　王　民　汪　忠 杨玉东　喻伯军　张茂聪　郑桂华　朱汉国

编者的话

在基础教育课程改革 10 周年之际，伴随着义务教育课程标准的再次修订与正式颁布，我们隆重推出这套"青蓝工程——学科教师专业能力必修系列"丛书。丛书立足于教师应该具备的最基本的教学专业知识与普适技能，为有效实施新修订的义务教育课程标准，深化基础教育课程改革，贯彻落实《国家中长期教育改革和发展规划纲要（2010－2020 年）》，助力素质教育高质量地推进提供了保证。

"教育大计，教师为本。"课程改革的有效实施和素质教育的贯彻落实需要一支高素质、专业化的教师队伍做支撑。教师的专业化发展在我国历来受到高度重视，但今天我国教师的专业化水平与社会的现实需求和时代的进步，特别是与教育改革发展的需要还存在着较大的差距。

以往，我们常常说教师要提高自身的专业水平或教学技能，但一个合格的教师究竟需要哪些最基本的专业知识与专业技能？教师的专业发展又该朝着哪个方向和目标去努力？这些问题，在教师专业化发展，尤其是在学科教师专业能力的提高上，一直以来并不是十分清晰。因此，我们聘请了当前活跃在基础教育学科领域的顶级专家，他们中的绝大多数是直接参与义务教育课程标准修订、审议或教材编写的资深学者，以担任相应学科的中小学教师应该（需要）了解（具备）的最基本的常识性知识和技能为出发点，总结了具有普适意义的学科教育教学知识和技能，力求推进教师教育教学能力的均衡发展，实现大多数教师教育教学能力的达标。从这个意义上，可以说这套丛书是教师专业化水平建设与发展的一个奠基工程，也是 10 年基础教育课程改革成果的结晶。我们希望青年教师不但能从书中充分汲取全国资深专家与优秀教师的经验、成果，更能"青出于蓝而胜于蓝"，在前辈的引领下，大胆创新，勇于超越，也因此，我们将丛书命名为"青蓝工程"。

丛书从"知识储备"和"技能修炼"两个维度展开论述（个别学科根据自身特点在目录形式上略有不同）。"知识储备"部分一般包括：①对学科课程价值的理解与认识；②修订后课标（义务教育）的主要精神；③针对该学段、该学科的教学所需的基本知识和内容等。"技能修炼"部分主要针对教学设计、目标把握、教学实施与教学评价等专题展开论述。每个专题下根据学科特点和当前教学实际设有几个小话题，以案例导入或结合案例的形式阐述教师教学所必需的技能以及形成这些技能所需要的方法和途径等。

本丛书具有权威性、系统性和普适性，希望对广大教师，特别是青年教师的专业成长能有实实在在的帮助。

丛书编委会
2012 年 1 月

前　言

初中是化学教育的启蒙阶段。我国基础教育新课程改革的不断深化，对化学教师提出了更高的要求，因为只有高素质的教师，才能保证高水平的教育质量。提高教师的素质，关键是立足教学实践一线，促进教师专业能力的发展。本书就是为满足广大初中化学教师专业发展的需求而编写的专业必修用书。

本书分为上下两篇，共八个专题，上篇的主题是化学教师专业发展的知识储备，下篇的主题是化学教师专业发展的技能修炼。

上篇"化学教师专业发展的知识储备"部分包括四个专题：

专题一：理解初中化学课程的价值

主要论述化学科学的价值、初中化学课程的性质和初中化学课程的目标等内容。

专题二：感悟初中化学课程的基本理念

主要论述初中化学课程的宗旨，如何培养学生学习化学的兴趣、实施探究式教学，如何体现STS教育等当代化学教育教学改革的新理念。

专题三：掌握初中化学课程的内容标准

主要是从科学探究、身边的化学物质、物质构成的奥秘、物质的化学变化和化学与社会发展五个方面对初中化学课程标准进行解读。

专题四：体会初中化学教材的编写思想

主要阐述初中化学教材的编写原则、教材内容的选择、教材内容的组织与教材习题的编写。

下篇"化学教师专业发展的技能修炼"部分也包括四个专题：

专题一：初中化学教学设计

主要论述了教学设计的含义、教学设计的特点及教学设计的基本要素。

专题二：初中化学教学过程

主要内容包括：教学过程与教学设计、教学过程的主要环节、化学学案的运用、初中生化学学习评价。

专题三：初中化学教学资源的开发与利用

主要阐述了化学教学资源开发与利用的原则、化学教学资源开发与利用的途径。

专题四：初中化学教学研究

主要论述了教学研究的过程、教学研究的主要方法、教学研究成果的表达。

总的来讲，本书涉及学科教学专业知识、教学方法论、对教材的理解、教学目标及其把握、教学设计、教学实施与课堂组织、教学评价、教学科研以及学科教学新视角、新方法等方面的内容。

本书由刘克文任主编，高秀岭、刘敬华、周业虹任副主编。上篇专题一由刘克文编写，专题二由魏艳玲编写，专题三由刘敬华编写，专题四由高秀玲编写；下篇专题一和专题二由周业虹编写，专题三由高秀玲编写，专题四由冯晓颖编写，全书由刘克文统稿、定稿。

基础教育新课程背景下的教师专业发展是一个值得不断探索的课题，本书在这里作了一些有益的尝试，但由于成书时间仓促，不足之处在所难免，恳请广大读者批评指正。

本书在编写过程中参阅、引用了许多本领域内专家的论著，在这里我们表示衷心的感谢。

刘克文

2012 年 8 月

目　录
Contents

下篇　技能修炼　*79*

上 篇
知识储备

　　化学教师要想保持源源不竭的教学动力，除了要具备强烈的责任心和进取心外，还要在宏观上转变对化学课程本质的传统认识，而新课程改革和新《课程标准》的颁布为教师在更高层次上理解化学课程的价值、性质以及目标提供了契机。

专题一　理解初中化学课程的价值

　　初中化学课程，又称义务教育阶段的化学课程，是义务教育阶段科学教育的重要组成部分，它承担着让学生从化学科学的角度认识自然世界、形成探究自然的兴趣、体验研究自然的过程、认识化学与人类社会发展之间的关系的任务。理解初中化学课程的价值，就是在更高层次上概括地认识初中化学课程的性质、设置的目的及具体的课程所应实现的目标。

　　进行化学教育，实施化学课程，首先要认识化学科学的本质特征和其对人类社会发展的价值。

1. 认识化学科学的价值

　　教育部制定的《义务教育化学课程标准（2011年版）》（以下简称《课程标准》）指出："化学是在原子、分子水平上研究物质的组成、结构、性质及其应用的一门基础自然科学，其特征是研究物质和创造物质。化学不仅与公民的日常生活密切相关，也是材料科学、生命科学、信息科学、环境科学和能源科学等现代科学技术的重要基础，是推进现代社会文明和科学技术进步的重要力量。化学在缓解人类面临的一系列问题，如能源危机、环境污染、资源匮乏和粮食供应不足等方面，同样做出了积极的贡献。"[①]

　　《课程标准》的这一论述，阐明了化学科学的本质特点及其价值，体现了进行化学教育的基本要求。

　　1803年，英国化学家道尔顿提出了原子学说。1811年，意大利化学家阿伏伽德罗，提出了分子假说。19世纪中叶，意大利化学家康尼查罗做了大量的测定原子量和分子量的实验，并结合其他化学家积累的大量有关物质组成的分析数据，经过归纳与推理，论证了阿伏加德罗的分子假说，并结合道尔顿的原子学说，提出了原子—分子说。他认为化学反应的本质是不同物质的分子间原子发生重新组合而生成新的化合物分子的过程。原子—分子理论的建立，标志着近代化学的形成[②]。在化学家的共同努力下，人们对物质化学运动形式的认识逐步深入。到19世纪中叶，化学科学逐渐形成无机化学、分析化学、有机化学、物理化学四大分支。19世纪末到20

[①]　中华人民共和国教育部. 义务教育化学课程标准［M］. 北京：北京师范大学出版社，2011：1.
[②]　张家治. 化学史教程［M］. 太原：山西教育出版社，1987：112.

世纪初，物理学领域相继发现了 X 射线、天然放射性和电子，创立了量子力学，建立了原子结构模型，这使人类对于自然的认识从宏观世界进入了微观原子世界，由此人们对物质的结构也有了进一步的了解。在此基础上，化学科学迅速发展，进入了现代化学发展阶段。

20 世纪中叶以来，科学技术的发展日新月异，知识积累的速度呈指数增加态势，科学朝着既高度分化又高度综合的方向发展，并以高度综合的整体发展趋势为主，由此产生了许多边缘科学和交叉科学。同样，现代化学研究的知识领域也迅速扩大。据统计，20 世纪 50 年代人类已知的化合物不过 200 万种[①]，而 20 世纪 90 年代，全世界的化学家平均每年发现和创造 60 多万种化合物[②]，单是 1995 年全世界的化学家就创造了 100 万种以上的化合物[③]。迄今为止，美国化学会登记的化合物已达 6600 万种[④]。时至今日，化学不仅已经渗透到诸如生物学、农学、医学、环境科学、计算机科学、地质学、物理学、冶金学、航空航天、通信等许多科学和技术领域，形成了许多与化学有关的交叉科学，而且极大地影响着人类的衣食住行、生老病死等社会生活的各个方面。

1.1 化学是解决食物短缺问题的重要科学

据统计，2011 年世界总人口已超过 70 亿，而耕地面积不但没有增加，反而因城市建设、干旱、荒漠化以及洪涝灾害等的影响有所减少。如何用有限的耕地生产出足够多的粮食，以满足日益增长的世界人口的需要，是 21 世纪人类所面临的一个非常严峻的问题。我国的形势则更加紧迫，预计 21 世纪中叶，我国的人口将达 16 亿，而我国的耕地面积却只占世界总量的 7％。用 7％的耕地去养活占世界 1/5 的人口，一直是一个很棘手的问题。要解决这一难题，必须实现我国农业的可持续发展，一方面要生产更多的、高质量的食物，另一方面要保护和改善农业生态环境。化学将在提供高效肥料和高效农药，特别是在制造与生产无害、无污染的生物肥料和生物农药等方面发挥巨大作用。在 21 世纪，化学还"有望揭示光合系统高效吸能、传能和转能的分子机理及调控规律，建立反应中心能量转化的动力学模型和能量高效传递的理论模型，从而达到高效利用光能为农业增产服务之目的"[⑤]。面对未来可利用土地资源不断减少的趋势，化学在建立高效农业生态系统，防止和治理土地沙漠化、盐碱化、干旱等方面也发挥着重要作用，能帮助人们更有效地利用宝贵的土地资源。另外，化学与生物基因工程的结合，将来不仅能为人类提供足够的食物，而且还能通过基因移植使动植物产品具有预防疾病、提高人类健康水平的功能。

---

① 刘翊纶. 世纪之交论化学教育 [M]. 桂林：广西师范大学出版社，1998：55.
② 吴毓林. 化学迈向辉煌的新世纪 [J]. 化学通报，1999，(1)：8.
③ [美] 布里斯罗. 化学的今天和明天 [M]. 华彤文，等，译. 北京：科学出版社，1998：6.
④ http://www.cas.org
⑤ 白春礼. 21 世纪的中国化学 [J]. 科学，2000，(4)：5.

1.2 化学是未来新材料开发的关键科学

21世纪是高新技术时代，各种高新技术如信息技术、航天、生物工程、微电子、纳米技术等都离不开新材料的使用。新材料的开发和应用涉及很多科学领域，其中包括数学、物理、化学、生物、地质、工程等。值得一提的是，任何新材料都有其独特的化学组成和分子结构，它们在决定新材料的性质和功能方面起着至关重要的作用。如20世纪80年代中期，科学家们发现的碳单质的第三种同素异形体富勒烯——C_{60}、C_{70}等是由多个五边形和六边形组成的封闭中空球体；正是这一全新的结构，使它们可以与一些金属络合生成金属络合物，而用这些金属络合物可望制造出表面积大、高活性的催化剂；由富勒烯制成的薄膜可以让氢气、氦气等小分子气体通过，而甲烷等气体则不能通过，这一特性可望用于气体的分离。纳米材料是21世纪材料科学的重要研究领域，不少科学家预言，21世纪将是纳米材料广泛应用的世纪。纳米材料的合成是化学科学要解决的问题，要想合成超细的纳米级粉料和纳米相结构的材料，必须使用特殊的化学合成方法，如气相法、固相法、液相法和纳米结构合成法。化学科学为研制和开发这些因具有特定化学组成和结构而表现出某种特定性质和功能的新材料提供了方向和手段，可以说没有化学的参与新材料的研制和开发将寸步难行。

1.3 化学在未来能源和资源的合理开发和综合利用中发挥着重要作用

石油、天然气、煤炭等不可再生能源随着人类的大量开采和使用将越来越少，如何合理、高效地利用这些能源以及开发新能源，是21世纪人类社会所要解决的重大问题之一。我国面临的主要问题，一是能源利用率低，二是环境污染严重。由于石油、天然气、煤炭等作为能源主要是通过化学反应来产生能量的，所以要降低能耗、节约能源、减少污染，关键是提高它们的化学反应转化效率。这就需要研究它们的组成和结构以及化学反应的具体过程，使用高效的催化剂，优化反应条件，提高利用率。在未来新能源的开发过程中，化学也起着关键性的作用。化学在研究大功率、大规模的光电转换器件方面的突破，将使人类对太阳能的开发和利用迈向高效阶段；新型化学燃料电池可望使电动汽车走进普通百姓家庭；洁净的氢能源有望成为21世纪人类使用的主要能源。

矿产资源是不可再生的，所以合理开发、综合利用自然界有限的矿产资源也是保证人类可持续发展的重要前提，而化学在矿产资源的开发与利用的过程中，也发挥着巨大作用。例如，我国的矿产资源尤其是稀土资源储量丰富。稀土化合物在尖端材料制作方面有着特殊的功能，但是由于稀土中各元素原子中外层的电子结构基本相同，因而它们的化学性质相似，这使得稀土中各元素的分离很困难，必须使用络合萃取法、离子交换法等特殊的化学方法才能达到目的。此外，稀土化合物的制备与利用等也都需要化学手段作为坚强的后盾。

1.4 化学为解决环境污染问题提供了根本的方法和手段

随着现代工业的发展和人口的迅速膨胀，环境污染已严重地威胁到了人类的生存。环境污染主要是指有害物质对人类赖以生存的生态系统进行的破坏。环境污染可分为化学污染、物理因素污染和生物因素污染。化学污染是指人们在生产生活中向环境排放的有害化学物质所造成的污染，如工业上排放的废酸、废碱、氰化物、多氯联苯以及汞、砷、铅、镉、铬等重金属，农业生产上大量使用的化肥、农药、塑料薄膜，尤其是那些不易降解的农药和塑料薄膜等对环境造成的污染。物理因素污染是指噪声、粉尘、强光、废热等对环境造成的污染。生物因素污染是指各种病毒、病菌、杂生植物等对环境的破坏。在这三种污染中，化学污染最普遍，对环境的危害也最严重。20世纪发生的几次严重环境污染事件，如20世纪40年代美国洛杉矶的光化学污染事件、1952年12月发生在英国的"伦敦雾事件"、20世纪50年代中期发生在日本熊本县的"水俣事件"、1984年12月发生在印度博帕尔市美国联合碳化物公司的剧毒异氰酸甲酯泄露事件等都属于化学污染。近年来，引起人们普遍关注和恐慌的氟利昂对大气臭氧层的破坏问题也属于化学污染范畴。要解决化学污染问题，最彻底的方法是不生产、不使用有害化学物质。但是，在工农业生产和日常生活中有些化学污染物的产生又是不可避免的，有些化学污染物是必须要使用的。因此，要消除化学污染，一方面对于那些必须使用的、会造成环境污染的化学物质，要积极寻找代用品；另一方面要采取措施，对生产生活中不可避免产生的污染物进行化学处理，以达到可排放的标准。由此可见，要解决化学污染问题，其根本方法和手段还是化学科学本身。21世纪，随着人们对环境污染问题的认识越来越深刻，化学在环境监测、污染物的控制和治理、环境模拟等方面将发挥越来越重要的作用。

1.5 化学是推动其他相关科学发展的核心科学

21世纪科学发展的特点是各门不同科学进一步交叉和相互渗透，体现出综合化的趋势。化学在21世纪向其他科学渗透的趋势将更加明显，它几乎能渗透到自然科学的绝大部分领域。在这些领域，化学就其中涉及的化学基本问题进行研究，并通过概念、理论以及方法的移植和渗透促进相关科学的发展。例如，脑科学将是21世纪生命科学研究的主要方向之一，而化学在脑科学研究中的应用，可能给生命科学研究带来重大突破。大脑的功能来源于它的特殊结构，人的大脑中约有150亿个神经细胞，神经细胞之间的信息传递是"由一个神经细胞释放神经传递质通过神经间的突触而结合在另一个神经细胞膜的受体上完成的"[①]。神经传递质通常是一些化学上的小分子，如谷氨酸、乙酰胆碱、γ-氨基丁酸、甘氨酸等。应用化学对分子水平上大脑神经活动的研究，在不久的将来可能会揭开大脑进行记忆、思维等高级神经活动的机制。

---

① 中国科学院化学学部，国家自然科学基金委化学科学部．展望21世纪的化学［M］．北京：化学工业出版社，2000：72.

2. 明确初中化学课程的性质与特征

针对初中化学课程的性质，《课程标准》给出了如下定位[①]：

（1）义务教育阶段的化学课程是科学教育的重要组成部分，应体现基础性；要给学生提供未来发展所需要的最基础的化学知识和技能，使学生从化学的角度初步认识物质世界，提高学生运用化学知识和科学方法分析、解决简单问题的能力，为学生的发展奠定必要的基础。

（2）化学课程是一门以实验为基础的学科，应在教学中创设以实验为主的科学探究活动，以激发学生对科学的兴趣，引导学生在观察、实验和交流讨论中学习化学知识，提高学生的科学探究能力。

（3）在教学中应密切联系生产、生活实际，引导学生初步认识化学与环境、化学与资源、化学与人类健康的关系，逐步树立科学发展观，领悟科学探究的方法，增强对自然和社会的责任感，在实践中不断培养学生的创新意识，使其在面临和处理与化学有关的各种问题时能作出更理智、更科学的思考和判断。

《课程标准》对初中化学课程性质的描述实际上已经阐明了初中化学课程的基础性、启蒙性和现代性等特征。

2.1　基础性

初中化学课程的基础性是指初中化学课程要为学生理解身边的化学现象及未来的发展奠定知识和能力方面的基础。

化学知识是人类在对自然界中的化学现象进行积极主动观察的基础上，运用归纳、演绎、假设、模型化等思维方法总结出的经过实践检验的认识成果。

初中化学课程主要从"身边的化学物质""物质构成的奥秘""物质的化学变化"及"化学与社会发展"四个方面，为学生提供了理解身边的化学现象及未来发展所需要的最基础的化学知识。

身边的化学物质部分为学生提供了有关空气的组成，氧气、二氧化碳的性质，水与常见的溶液，常见的金属铁、铝及其矿物，生活中常见的化合物等事实性基础知识。

物质构成的奥秘部分为学生提供了单质与化合物、酸碱盐，构成物质的微粒原子、分子和离子的概念，原子的结构，化学元素、物质组成的表示等有关物质构成的基础知识。

物质的化学变化部分则为学生提供了化学变化的基本特征、化学反应的类型、质量守恒定律和化学反应的表示方法等有关物质宏观变化现象描述的基础知识。

化学与社会发展部分提供了化学与能源和资源的利用、常见的化学合成材料、化

---

① 中华人民共和国教育部. 义务教育化学课程标准［M］. 北京：北京师范大学出版社，2011：1-2.

学物质与健康、化学与环境等方面所涉及的基础知识。

《课程标准》中提到的能力主要是指学生的实践能力和创新能力。实践能力主要表现为分析、解决实践中的问题的能力，创新能力主要表现为进行科学探究的能力。

为了给学生奠定这两方面的能力基础，初中化学课程将科学探究作为首要内容，目的是通过以化学实验为主的科学探究活动，增进学生对科学探究的理解，发展其基本的科学探究能力，培养他们初步分析、解决有关化学实际问题的能力，同时帮助学生在科学探究活动中掌握一些基本的化学实验技能。

《课程标准》对这些基础知识和基本能力的设计和要求，反映了初中化学课程的基础性。

2.2 启蒙性

启蒙性是指初中化学课程作为首次在基础教育阶段开设的课程，应能激发学生学习化学的兴趣，使学生初步认识化学科学的研究对象和任务、体验化学科学的研究过程并了解化学科学的价值。初中化学课程的启蒙性表现在两个方面：

（1）从"生活世界"到"科学世界"，回归生活化

所谓生活世界，即人们直接感知的世界。在生活世界中，人类通过对周围世界的直接感知获得关于周围世界的感性认识。所谓科学世界，则是指生活世界的抽象图景，是生活世界的理性产物①。化学起源于人类对生活世界的认识，这些认识经过进一步概念化、系统化就形成了化学概念和理论，而化学概念和理论的形成标志着化学从"生活世界"走进了"科学世界"。长期以来，我国的基础教育在课程内容组织上采用的是学科结构模式，强调知识的完整性、系统性和逻辑性；学生学习化学知识不是遵循化学科学及人对自然认识发展的基本过程，从"生活世界"走向"科学世界"，而是从"科学世界"走向"生活世界"，先学习化学知识，然后再到生活中应用。这导致课程内容与学生的生活世界严重脱离，科学世界成了学生唯一的成长家园，使学生无法享受科学给生活所带来的便利与乐趣，也无法体会科学在生活中的价值。这样，学生的生活将因无法得到科学的惠泽而变得黯淡无光。启蒙阶段的化学教育应回归符合化学科学及人对自然认识发展的基本过程的轨道，按照从"生活世界"走向"科学世界"的路径，设计生活化的课程，使化学教育的源头回到"生活世界"。此次新课程改革，从初中化学课程所设计的主要内容上，我们不难看到，不管是科学探究部分，还是最后的化学与社会发展部分，都注重结合学生的实际生活，力求使课程内容直接面向社会实践、面向学生的需要。这样既使课程内容与学生生活和现实社会保持着密切的联系，又使实践和生活成为课程内容的基本素材。

---

① 倪梁康．现象学及其效应——胡塞尔与当代德国哲学［M］．北京：生活·读书·新知三联书店，1994：129－138.

（2）重视培养学生学习化学的兴趣

作为启蒙课程，培养学生学习化学的兴趣是初中化学课程的重要任务之一。

美国著名的心理学家布鲁纳指出："兴趣是最好的动机。"在初中化学教学中，学生所表现出来的学习兴趣主要是对物质化学变化现象的好奇，他们希望认识物质的化学性质，乐于动手做化学实验、解释生活中与化学有关的现象。学生学习化学的兴趣，按水平的高低，可分为四种类型[①]。

第一类是指对化学实验现象有感知兴趣，即仅满足于感知化学现象，并没有要了解产生这些化学现象原因的需求。这种兴趣在学习活动中是不稳定、不持久的，有待于进一步提高。

第二类是对实验的操作兴趣，即不满足于对化学实验现象的观察，更希望自己动手操作获得实验结果。这类兴趣水平较前一类有所提高，但还没达到认识化学现象的实质和规律的水平。

第三类是认知兴趣，即不仅注意观察实验现象，而且在教师的指导下，能够积极探讨产生这些现象的原因和规律。这是一类较高水平的兴趣，对学习有稳定、持久的推动作用。

最后一类是创造兴趣，这是学生最高水平的学习兴趣。具有创造兴趣的学生能够在观察化学现象、掌握化学变化的原因和规律的基础上，在理论的指导下创造性地设计一些实验，进行独立的探究性活动。

以上几类兴趣的水平是由低到高的，较低水平的兴趣是较高水平兴趣形成的基础，较高水平的兴趣是较低水平兴趣的进一步发展。调查发现，40%左右的初中生对化学实验的操作很感兴趣。教育心理学研究也表明，从具体的事物和经验中概括出来的兴趣，会由对具体事物和经验的兴趣发展成为对整类物体和经验的兴趣。化学是以实验为基础的科学，因此，通过化学实验来培养学生的学习兴趣是符合兴趣的形成和发展规律的，是符合初中生学习兴趣的发展水平和化学学科的特点的。为满足初中生对化学实验的操作兴趣，进而培养他们的认知兴趣和创造兴趣，在条件允许的情况下，教学中应尽可能多安排学生进行实验探究活动，并鼓励学生自己设计实验，充分发挥学生的学习主动性。这能使学生课前积极预习，上课集中精力认真听讲，课后认真总结。

2.3 现代性

初中化学课程的现代性指的是初中化学课程应反映现代化学科学的发展与现代技术、现代社会之间的关系，主要表现为课程实施中的 STS（科学—技术—社会）教育。

STS 教育是 20 世纪 80 年代兴起，并在 21 世纪得到进一步发展的科学教育改革运

---

① 刘克文等. 化学教育心理学论文集［M］. 石家庄：河北教育出版社，1994：31—33.

动。STS教育强调学生对现代科学—技术—社会相互关系的理解，重视科学技术在现代社会中应用时的价值取向，强调学生在处理现代社会中科学—技术—社会的相互关系时的参与意识、决策意识的培养。加拿大的科学家爱肯赫德（G. S. Aikenhead）认为，STS教育应涉及下列主题：（1）科学和技术之间的关系；（2）技术/民主决策；（3）科学家和社会决策；（4）科学/技术和社会问题；（5）社会对科学、技术发展的影响；（6）科学家的社会责任；（7）科学家的动机；（8）科学家和他们的人格特征；（9）妇女在科学、技术发展中的作用；（10）科学、技术的社会性；（11）科学知识的本质。由此可见，STS教育包括了现代社会生活中科学、技术、社会及其相互关系的各个方面，进行STS教育是培养学生的科学素养，实现21世纪科学课程目标的有效途径。可以说，在当代没有不进行STS教育的科学教学，也没有不进行科学课堂教学的STS教育。

与过去的初中化学课程不同，新课程的最后一部分内容是"化学与社会发展"，其中涉及化学与能源和资源的利用、常见的化学合成材料、化学物质与健康、化学与环境保护等问题，这些在现代社会发展的过程中与化学科学密切相关的问题，需要充分运用化学知识和化学手段才能得到妥善的解决。初中化学课程中"化学与社会发展"部分的设计，不仅要求据此编写的教材和课堂教学内容的选择突出该部分内容的主题，同时也要求把这些内容渗透到初中化学课程的其他部分中。这反映了现代化学发展与现代社会、现代技术的联系，体现了STS教育的理念，也彰显了初中化学课程的现代性。

3. 把握初中化学的课程目标

《课程标准》提出了初中化学课程的总目标和三维目标[①]。

3.1　初中化学课程的总目标

义务教育阶段的化学课程以提高学生的科学素养为主旨，激发学生学习化学的兴趣，帮助学生了解科学探究的基本过程和方法，培养学生的科学探究能力，获得进一步学习和发展所需要的化学基础知识和基本技能；引导学生认识化学在促进社会发展和提高人类生活质量方面的重要作用，通过化学学习培养学生的合作精神和社会责任感，培养学生的民族自尊心、自信心和自豪感；引导学生学会学习、学会生存，更好地适应现代生活。

3.2　初中化学课程的三维目标

（1）知识与技能

①认识身边一些常见物质的组成、性质及其在社会生产和生活中的初步应用，能用简单的化学语言予以描述。

---

① 中华人民共和国教育部．义务教育化学课程标准［M］．北京：北京师范大学出版社，2011：6—7.

②形成一些最基本的化学概念，初步认识物质的微观构成，了解化学变化的基本特征，初步认识物质的性质与用途之间的关系。

③了解化学与技术、社会、环境之间的相互关系，并能以此分析有关的简单问题。

④初步掌握基本的化学实验技能，初步学会设计实验方案，并能完成一些简单的化学实验。

（2）过程与方法

①认识科学探究的意义和基本过程，能进行简单的探究活动，增进对科学探究的体验。

②初步学习运用观察、实验等方法获取信息，能用文字、图表和化学语言表述有关的信息；初步学习运用比较、分类、归纳、概括等方法对获取的信息进行加工。

③能用变化和联系的观点分析常见的化学现象，说明并解释一些简单的化学问题。

④能主动与他人进行交流和讨论，清楚地表达自己的观点，逐步形成良好的学习习惯和学习方法。

（3）情感、态度与价值观

①保持和增强对生活和自然界中化学现象的好奇心和探究欲，发展学习化学的兴趣。

②初步建立科学的物质观，增进对"世界是物质的""物质是变化的"等辩证唯物主义观点的认识，逐步树立崇尚科学、反对迷信的观念。

③感受并赞赏化学对改善个人生活和促进社会发展的积极作用，关注与化学有关的社会热点问题，初步形成主动参与社会决策的意识。

④增强安全意识，逐步树立珍惜资源、爱护环境、合理使用化学物质的可持续发展观念。

⑤初步养成勤于思考、敢于质疑、严谨求实、乐于实践、善于合作、勇于创新等科学品质。

⑥增强热爱祖国的情感，树立为民族复兴和社会进步学习化学的志向。

初中化学课程总目标和三维目标的提出，指明了初中化学教学的任务和方向。理解初中化学课程目标，对于提高初中化学教学的有效性具有重要的作用。

3.3　初中化学课程目标确立的依据

首先，它是人们基于对科学素养内涵的理解。20世纪80年代以来，世界科学教育最引人注目的改革就是把培养学生的科学素养作为科学教育的宗旨。关于科学素养，很多组织、专家都给出了不同的定义，如1985年，美国科学促进会制定的面向21世纪中小学科学教育改革的"2061计划：为了全体美国人的科学"，对科学素养的内涵进行了如下阐释：

（1）熟悉自然世界，认识它的多样性和统一性；

（2）理解重要的科学概念和原理；

（3）通晓科学、数学和技术相互依存的重要方式；

（4）知道科学、数学和技术都是人类的事业，了解它们的力量和局限性；

（5）有进行科学思维的能力；

（6）能应用科学知识和科学思维方法于个人和社会目的。

1996年，美国制定的《美国国家科学教育标准》则认为："所谓有科学素养是指了解和深谙进行个人决策、参与公民事务和文化事务、从事经济生产所需的科学概念和科学过程。"[①]

加拿大萨斯凯彻温省（Saskatchewan）教育部在20世纪90年代制定了中小学科学素养的标准，将科学素养细化为七个方面[②]，即：

（1）科学的本质；

（2）核心科学概念；

（3）科学过程；

（4）科学—技术—社会—环境之间的相互关系；

（5）科学和技术技能；

（6）科学的内在价值；

（7）与科学有关的态度和兴趣。

尽管不同的组织或个人分别从不同的角度对科学素养的内涵给出了不同的阐释，但从本质上看，科学素养的内涵所涉及的范围主要包括三个方面：对科学知识的理解、对科学本质（科学过程和方法）的理解以及对科学技术与社会的关系的理解。在此不难看出，这三个方面与化学课程的三维目标有相当程度的关联。

其次，它是人们基于对教育目标的理解。20世纪50～60年代，美国著名教育家、心理学家布卢姆等人根据学习的心理活动过程，提出了教育目标分类理论。他们认为，教育目标可分为三大领域：认知领域、情感领域和动作技能领域。

（1）认知领域

按照由浅入深、逐步发展的认知规律，可将认知领域划分为六个不同阶段：

识记：指对先前所学内容的回忆，它是认知领域中最低层次的能力。

理解：指能了解所学过的知识或概念的意义。

运用：指将所学知识运用到新情境中的能力。

分析：指分析知识中的各要素，找出它们之间的联系的能力。

综合：指对零散的知识进行概括，得出结论或形成具有一定整体知识结构的能力。

评价：指依据某一标准对知识进行价值判断的能力，它是认知领域中最高层次的能力。

---

① ［美］国家研究理事会．美国国家科学教育标准［M］．戢守志等，译．北京：科学技术文献出版社，1999：28.

② 参考网站：http://www.sasked.gov.sk.ca.

1999 年，美国的安德森等人对此又进行了修改，将认知领域的目标修改为记忆、理解、运用、分析、评价、创造。

（2）情感领域

1964 年，美国教育学者克拉斯沃尔出版了情感领域教育目标分类的专著。他把情感领域的教育目标分为五类。

接受：指感受到某些现象或刺激的意向。

反应：指对某种现象或刺激的反应，如默认、愿意、满意等。

价值评判：指将某种现象或行为与一定的价值标准相联系而进行的价值判断。

组织：指将许多不同的价值观进行整合，形成价值体系的过程。

价值的性格化：指将价值体系内化为世界观、人生观，而形成具有特定价值观的人格的过程。

从以上教育目标分类中可以看出，三维课程目标的生成深刻地受到了教育目标分类学的影响。

（3）动作技能领域

美国教育家哈罗和辛普森在《教育目标分类学》的第三分册《动作技能领域》中将动作技能由简单到复杂划分为六个层次。

反射动作：指学习者在无意识的情况下对引起动作的某些刺激的反应。

基础动作：指由反射动作的结合而形成的固有动作形式。

知觉能力：指能对环境的刺激进行辨别，从而对动作进行适当调节的能力。

体能：指体现身体器官活力的机能特征，包括耐力、力量、韧性和敏捷性。

技巧动作：指从事复杂动作任务时，达到有效程度的结果。

有意沟通：指由各种动作沟通行为组成的动作。动作沟通行为是指那些主要由各种把信息传递给接受者的动作所组成的行为。

第三，它是对我国旧的化学教学大纲的继承和发展。2000 年，教育部颁布了《九年制义务教育全日制初级中学化学教学大纲（试验修订版）》，对初中化学的教学目的作了如下表述[①]。

（1）使学生学习一些化学基本概念和基本原理，学习几种常见的元素和一些重要的化合物的基础知识，学习一些化学实验和化学计算的基本技能，初步认识化学在实际中的应用。

（2）激发学生学习化学的兴趣，培养学生的科学态度、科学的学习方法，以及关心自然、关心社会的情感。

（3）培养学生的能力和创新精神，使学生会初步运用化学知识解释一些简单的现

---

① 课程教材研究所.20 世纪中国中小学课程标准·教学大纲汇编：化学卷［M］．北京：人民教育出版社，2001：87.

象或解决一些简单的化学问题。

（4）对学生进行辩证唯物主义和热爱社会主义祖国的教育。

旧的化学教学大纲中只有关于化学教学目的的表述，而没有教学目标的描述。由此不难看出，旧的初中化学教学大纲中对化学教学目的的表述实际上笼统地包含了教学目标。现行初中化学《课程标准》中虽没有明确提出课程目标，但在描述中，也可看出它对旧的初中化学教学大纲中教学目的的继承和发展，《课程标准》的第二部分实质上表述的就是课程目标。而且从中我们也可以看出，现行初中化学《课程标准》更重视对课程目标的表述，并且力求详尽，这使得初中化学课程标准具有更强的可操作性。

3.4 初中化学课程目标的内涵

初中化学课程目标阐述了通过初中化学课程的学习，学生在知识与技能、过程与方法以及情感、态度与价值观三个方面应得到的发展。

（1）知识与技能

《课程标准》关于知识与技能提出了四项目标。前三项是关于化学知识的目标，最后一项是关于化学实验技能的目标。

关于化学知识方面的目标要求，主要体现在身边的化学物质、物质构成的奥秘、物质的化学变化以及化学与社会发展等内容中。从化学科学知识的构成看，这些化学知识主要包括化学事实、化学概念、化学原理、化学定律和化学理论五个部分。化学事实是人类进行化学经验活动的结果，化学概念、化学原理、化学定律和化学理论则是人类进行化学理性分析活动的产物。在中学化学课程阶段，它们是构成化学基础知识的基本要素。正确地认识化学事实、化学概念、化学原理、化学定律和化学理论的含义、联系和区别，可以使学生深刻理解化学知识的形成过程和本质，这对于提高化学知识的学习质量以及科学方法的掌握具有重要的意义。

关于化学实验技能，课程目标要求学生具备基本的化学实验技能以及能设计和进行简单的化学实验。实验技能是学生学习化学和进行探究活动的基础和保证。《课程标准》要求学生掌握的基本化学实验技能主要包括药品的取用，简单仪器的使用和连接、加热，溶液的配制以及酸碱性的检验，常见物质的检验和区分，用过滤、蒸发的方法对混合物进行分离，某些气体的制取，安全操作等。

（2）过程与方法

《课程标准》关于过程与方法也提出了四项目标。前两项目标是关于科学探究过程与方法的要求，后两项是对学习过程与方法的要求。也就是说，《课程标准》中的过程与方法目标不仅提出了学生要了解的化学知识产生的过程与方法，而且应形成自己学习化学知识的过程和方法。

关于科学探究的过程与方法，按照《课程标准》的要求，包括八个基本要素，即提出问题、猜想与假设、制订计划、进行实验、收集证据、解释与结论、反思与评价、

初中化学教师专业能力必修

Chu Zhong Hua Xue Jiao Shi Zhuan Ye Neng Li Bi Xiu

表达与交流。在探究过程中，学生应初步学习运用观察、实验等方法获取信息，用文字、图表和化学语言表述有关的信息，初步学习运用比较、分类、归纳和概括等方法对获取的信息进行加工。

关于学生学习科学知识的过程与方法，《课程标准》没有进一步给出解释，但是从科学知识产生的过程来看，应指导学生首先明确科学知识的产生是源于问题的，对问题进行假设、探究、观察、记录就得到了事实性知识，对具有共同特征的事实进行概括、归纳就形成了科学概念，科学事实与科学概念之间的联系就是科学原理或定律，由科学事实、科学概念、科学原理、科学定律构成的解释体系就是科学理论。理解了科学知识产生的过程，就能够理解它们的特点，进而就能掌握这些知识的内涵，并在解决问题中加以迁移运用，从而形成自己对科学知识的认知方法和方式。

特别需要指出的是，不管是科学探究的过程还是学生学习科学知识的过程，都将是长期的甚至是痛苦的体验过程，因此，实现这样的目标要求，教师要有耐心，学生应有恒心。

（3）情感、态度与价值观

《课程标准》关于情感、态度与价值观提出了六条目标，这六条目标在整体反映《课程标准》对学生情感、态度与价值观形成的要求的同时，也有所侧重。

情感主要是指学生通过学习化学而形成的对于化学科学及其应用的积极情绪体验。如第1条"保持和增强对生活和自然界中化学现象的好奇心和探究欲望，发展学习化学的兴趣"和第6条"增强热爱祖国的情感，树立为中华民族复兴和社会进步学习化学的志向"主要反映的是情感目标要求。

态度主要是指学生通过初中化学的学习而对科学研究的过程与方法、化学科学、自然世界等所形成的基本看法及采取的相应的行为。如第2条"初步建立科学的物质观，增进对'世界是物质的''物质是变化的'等辩证唯物主义观点的认识，逐步树立崇尚科学、反对迷信的观念"和第3条"感受并赞赏化学对改善人类生活和促进社会发展的积极作用，关注与化学有关的社会热点话题，初步形成主动参与社会决策的意识"，以及第5条"初步养成勤于思考、敢于质疑、严谨求实、乐于实践、善于合作、勇于创新等科学品质"体现的主要是态度目标要求。

价值观指的是学生通过初中化学的学习所形成的对于化学知识重要性的认识、评价及基于化学知识对周围的事物进行价值判断的标准。如第2条"初步建立科学的物质观，增进对'世界是物质的''物质是变化的'等辩证唯物主义观点的认识，逐步树立崇尚科学、反对迷信的观念"和第4条"增强安全意识，逐步树立珍惜资源、爱护环境、合理使用化学物质的可持续发展观念"就反映了价值观目标要求。

3.5 初中化学课程目标在教学中的应用

初中化学课程目标是针对整个初中化学课程提出的基本要求，也就是说，是在初中化学课程实施完成后要达成的目标。课程目标的达成有赖于课程实施的每一个环节的目标的实现，尤其是每一节课的教学目标的实现。在目前化学课程实施的过程中，很多教师在进行教学设计时存在着一个误区，就是把课程目标当成教学目标，也从知识与技能、过程与方法以及情感、态度与价值观三个方面来设计教学目标。例如，下面是某教师在初中化学教材上册（本书以人教版教材为例，后同）第二单元的课题 2 "氧气"的教学设计中，对教学目标的描述。

教学目标：

1. 知识与技能

(1) 了解氧气的物理性质；

(2) 认识氧气能与许多物质发生化学反应、氧气的化学性质较活泼等特性；

(3) 认识化学反应中的能量变化及一些化学反应现象；

(4) 认识化合反应、氧化反应，了解缓慢氧化这一生活中的化学现象。

2. 过程与方法

(1) 体验通过实验探究问题的过程；

(2) 学习从具体到抽象、从个别到一般的归纳方法；

(3) 学会分析实验信息并从中归纳得出结论的方法。

3. 情感、态度与价值观

(1) 通过五彩缤纷的化学变化，进一步培养学生学习化学的兴趣；

(2) 养成实事求是、尊重科学、尊重事物发展规律的科学态度；

(3) 逐步树立"性质决定用途，用途体现性质"的辩证观点。

上述关于知识与技能目标的描述是具体的，通过本节课堂教学能够达成。但是对于过程与方法和情感、态度与价值观目标的描述显然是课程目标而不是教学目标，这样的教学目标很难在一节课中实现。另外，从教学目标设计的条目数量来看，一共有10条，一节课很难完成这么多的教学目标。

课堂教学的目标，应该是这一节课所能达成的具体的、微观的目标。它可能主要以掌握某一知识为重点，也可能主要以实现对某一过程与方法的体验为重点。诚然，初中化学课程目标对于确定课堂教学中的教学目标具有不可或缺的指导价值，但是无论如何一节课都不能担当起实现三维课程目标的重任。因此，在进行课堂教学设计时，教师要厘清课程目标与课堂教学目标的区别，要根据具体的课堂教学内容，设计出能体现课程目标要求的教学目标。

对于上述列举的教学目标可作如下修改。

教学目标：

1. 了解氧气的物理性质、化学性质和用途；

2. 了解化合反应、氧化反应和缓慢氧化现象；

3. 会进行检验氧气化学性质的实验及实验室制备氧气的操作；

4. 能在进行检验氧气性质的实验后总结出氧气与其他物质发生化学反应的特点、规律；

5. 通过氧气的性质及制备实验培养学生学习化学的兴趣及严谨的科学态度。

尽管这里对一些教学目标进行了整合，条目减少了一半，但从内容上看，它更能反映一节课的核心教学内容，内容更全面、具体；从形式上看，简明扼要，在课堂教学中易于实施和操作。

专题二　感悟初中化学课程的基本理念

　　课程理念是人们对课程价值的一种理性认识，体现了人们对课程的本质、目的、功能、内容、实施等的基本看法。义务教育的化学课程是科学教育的重要组成部分，依据国内化学课程实施的现状、国际科学教育和化学课程改革的趋势，《课程标准》提出了"使每一个学生以愉快的心情去学习生动有趣的化学，激励学生积极探究化学变化的奥秘，增强学生学习化学的兴趣和学好化学的自信心，培养学生终身学习的意识和能力，树立为民族复兴和社会进步而勤奋学习的志向"等六条义务教育阶段化学课程的基本理念。它以提高学生的科学素养为宗旨，以培养学生的创新精神和实践能力为重点，重视激发学生学习化学的兴趣，体现了STS教育观，以求帮助学生了解科学探究的基本过程和方法，培养学生的科学探究能力，促进学生的全面发展。

1. 以培养学生的科学素养为宗旨

1.1　对科学素养的理解

1.1.1　科学素养的内涵

　　科学素养思想萌芽于20世纪初的美国，在50年代作为一个概念被郝德（P. D. Hurd）提出用来表示个人对科学的基本理解，其内涵随着时代和社会的发展不断丰富和发展。1985年，美国促进科学协会（AAAS）联合美国科学院、联邦教育部等12个机构，启动了一项面向21世纪、致力于科学知识普及的中小学课程改革工程即"2061计划"，它代表着美国基础教育课程和教学改革的趋势。该计划的第一篇报告《面向全体美国人的科学》首次确定科学素养在中学理科教育中的重要地位，并在中学课程中加以重点关注。我国从1996年起开始开展公众科学素养调查，将科学素养理解为"借助普通教育的重要组成——包括物理学、化学、生物学等在内的理科教学应当培育的公民素质"[1]，并将其作为中学理科教育的宗旨。

　　20世纪50年代是一个讴歌科学技术的年代，以科学家为中心的理科教育改革强调科学的统一性与自主性，把学生作为脱离日常生活的新一代科学家来培养。理科教学所要实现的科学素养教育，注重概念性的知识、科学的本质和科学的伦理，而脱离了科学与人文、科学与社会的关系，着重于科学知识的掌握。20世纪60年代后，随着科技对社会生活的影响越来越大，人们对科学素养内涵的理解也有了变化和发展：

---

　　① 钟启泉.国外"科学素养"说与理科课程改革.比较教育研究［J］.1997，（1）：16.

（1）概念性知识，即构成科学的主要概念、概念体系或观念；（2）科学的理智、科学研究的方法论；（3）科学的伦理，即科学研究中科学家的行为规范，也称为科学态度或科学精神；（4）科学与人文，即科学与哲学、文学、艺术、宗教等文化要素的关系；（5）科学与社会，即科学与政治、经济、产业等社会诸侧面的关系；（6）科学与技术之间的关系及差异。20世纪80年代以后的科学素养的基本领域是：（1）熟悉自然界并尊重自然界的同一性；（2）懂得科学、数学和技术相互依赖的一些重要方法；（3）理解科学的一些基本概念和原理；（4）有科学思维的能力；（5）认识到科学、数学和技术是人类共同的事业及其长处和局限性；（6）能够运用科学知识和科学思维方法处理个人和社会问题。

为了测试中小学生的科学素养状况，《国际学生科学素养测试大纲》提出了一个由三个方面组成的科学素养测试模型：（1）科学基本观点，包括生命与保健科学、地球与环境科学、技术中的科学。（2）科学实践的过程，包括确认科学问题、寻找证据、得出结论、与他人就结论进行交流、表明所了解的科学基本观点。重点是获取证据、解释证据并在证据的基础上进行科学活动的进程。（3）科学场景，它主要选自人们日常生活中的科学问题，而不是学校教室、实验室的科学实践或专业科学家的工作。[1]

尽管在不同的时期，不同的组织和学者对科学素养的内涵有着不同的理解，但从本质上看，其内涵主要包括以下三方面的内容："（1）对科学概念的基本了解；（2）对科学研究过程和方法的基本了解；（3）对科学、技术与社会相互关系的基本了解。"[2]

1.1.2 科学素养的构成要素

根据科学素养的内涵，我国学者高剑南、王祖浩认为科学素养由科学知识、科学方法、科学能力、科学思想、科学品质五大要素构成[3]。科学知识由科学用语、基本概念、基本原理、基本规律等组成。在构成科学素养的要素中，科学知识起着基础性的作用，是培养和形成其他要素的载体。科学方法包括科学的学习方法、科学的解决问题的方法、科学的思维方法、科学的实验方法等。人们掌握科学方法的多少，是反映一个人科学素养的重要方面。科学能力是人的诸多能力中的重要一种，包括学习、获取已有科学知识的能力和进行科学研究和探索新科学知识的能力。科学思想是指从具体科学知识中提炼出来的反映自然界本质的合理观念，如化学科学中结构与功能的统一，生物学中的进化、演化与转化，物理学中的对称、时空与物质的统一等，此外还有系统论、信息论、混沌思想等。科学品质是心理学上所说的"非智力因素"，包括兴趣、情感、意志、作风、态度、精神等，这些品质起着增强学习驱动力的作用。

2000年，我国新世纪科学课程改革专家组对科学素养的内涵进行了广泛讨论，在

---

[1] 中国科学技术协会中国公众科学素养调查课题组．2001年中国公众科学素养调查报告［M］．科学普及出版社，2002.

[2] 刘知新．化学教学论［M］．北京：高等教育出版社，2003：15.

[3] 高剑南，王祖浩．化学教育展望［M］．上海：华东师范大学出版社，2001：48－54.

结合我国的实际情况并借鉴国际科学教育界关于科学素养的研究成果的基础上，提出科学素养的架构应该包括如下三个基本维度：（1）科学知识与技能的获得，这是学生得以发展的起点和根本；（2）科学过程的体验和科学方法的掌握，这是实践能力和创新精神形成的支撑；（3）情感、态度与价值观，即科学思想和科学品质的形成。三者相辅相成，缺一不可。

1.2 基于科学素养的初中化学课程

义务教育阶段的化学课程作为科学教育的重要组成部分，正是通过知识与技能、过程与方法以及情感、态度与价值观三个方面来具体体现化学课程对学生科学素养的要求的，并据此制订义务教育阶段化学的课程目标和内容标准，提出课程实施建议，从而使学习化学的过程成为科学素养提升的重要途径。《课程标准》将义务教育九年级学生必须具备的科学素养分解为以下三个方面。

（1）知识与技能方面："认识身边一些常见物质的组成、性质及其在社会生产和生活中的初步应用，能用简单的化学语言予以描述；形成一些最基本的化学概念，初步认识物质的微观构成，了解化学变化的基本特征，初步认识物质的性质与用途之间的关系；了解化学、技术、社会、环境的相互联系，并能以此分析有关的简单问题；初步形成基本的化学实验技能，初步学会设计实验方案，并能完成一些简单的化学实验。"[1]

知识与技能是科学素养的重要组成部分，这一维度的目标既有最基本的化学知识技能，又有联系实际、技术和社会方面的要求，同时充分考虑了学生的认知特点，注意"由近及远"，让学生从熟悉的物质和化学现象开始学习化学，以减少学习难度，保持学习兴趣，也便于他们学用结合。在不同的主题学习中，知识与技能目标与大量的学习素材相联系。知识与技能作为过程与方法和情感、态度与价值观教育的重要载体，在《课程标准》中被赋予了新的内涵。化学基础知识与基本技能作为科学素养的基本构成，教学中应重视在传授化学基础知识的同时让学生理解科学的本质，突出化学与生活、社会的联系；不仅重视实验技能的训练，更重视科学探究技能的训练和培养。发展必须建立在扎实的基础知识与基本技能之上，基础知识不扎实，基本技能有缺陷，必定会影响学生长远的发展。要认识到课程改革绝不是不要或削减基础知识，也不会随意增加基础知识。教师在教学中一定要牢牢把握《课程标准》确定的知识与技能目标这一底线，转变观念，对知识进行筛选，以便使学生更好地掌握那些基础性的、具有生产性的知识，特别是那些带有方法性、应用性、发展性的知识，因为它们可让学生在未来社会中得到良好的发展。

（2）过程与方法方面："认识科学探究的意义和基本过程，能进行简单的探究活动，增进对科学探究的体验；初步学习运用观察、实验等方法获取信息，能用文字、

---

① 中华人民共和国教育部. 义务教育化学课程标准［M］. 北京：北京师范大学出版社，2011：6.

图表和化学语言表述有关的信息；初步学习运用比较、分类、归纳和概括等方法对获取的信息进行加工；能用变化和联系的观点分析常见的化学现象，说明并解释一些简单的化学问题；能主动与他人进行交流和讨论，清楚地表达自己的观点，逐步形成良好的学习习惯和学习方法。"[1]

这一维度目标不但有涉及对人与自然关系的认知，还涉及人际关系的认知过程与交往活动，它的实现依赖于活动过程的精心设计和展开，仅用单一的讲授法传授知识是无法实现这一目标的。过程与方法目标要求教师通过有目地引导学生参加科学探究活动来促使他们掌握科学方法，培养学生运用化学知识分析问题和解决问题的能力，使获得化学知识和掌握技能的过程成为理解化学的本质、进行科学探究、联系社会生活实际和形成科学价值观的过程。

（3）情感、态度与价值观方面："保持和增强对生活和自然界中化学现象的好奇心和探究欲望，发展学习化学的兴趣；初步建立科学的物质观，增进对'世界是物质的''物质是变化的'等辩证唯物主义观点的认识，逐步树立崇尚科学、反对迷信的观念；感受并赞赏化学对改善人类生活和促进社会发展的积极作用，关注与化学有关的社会热点问题，初步形成主动参与社会决策的意识；增强安全意识，逐步树立珍惜资源、爱护环境、合理使用化学物质的可持续发展观念；初步养成勤于思考、敢于质疑、严谨求实、乐于实践、善于合作、勇于创新等科学品质；增强热爱祖国的情感，树立为中华民族复兴和社会进步学习化学的志向。"[2]

情感、态度与价值观属于科学精神，是科学素养的灵魂。这一维度目标既包括对待自然、物质和科学方面的情感、态度与价值观，也包括对待社会和自身发展方面的情感、态度与价值观。这些目标的实现不但有利于学生达到知识与技能方面以及过程与方法方面的目标，同时也有利于他们的情感向着积极方向发展，有利于他们逐步形成正确的世界观、人生态度以及良好的科学素养和思想道德品质。情感、态度与价值观目标要求通过培养、保持、增强学生对生活和自然界中化学现象的好奇心和探究欲，激发学生学习化学的兴趣；通过培养学生的辩证唯物主义观和实事求是的态度、使学生感受化学对日常生活和社会发展的影响等途径去培养学生的社会责任感、合作精神以及爱国主义思想。课程目标不再采用一些抽象的术语，其操作性更强，不但突出了基础性、发展性、综合性、时代性和针对性，而且还照顾到了基础性与发展性的统一以及综合性与针对性的统一。

知识与技能、过程与方法以及情感、态度与价值观，三者既是可分割的、相互区别的，又是相互依存并能相互转化的。在教学实践中，很难把三个层面的目标割裂开来。在传授知识和培养能力的过程中，总是包含着一定的情感、态度与价值观的培养。

---

① 中华人民共和国教育部．义务教育化学课程标准［M］．北京：北京师范大学出版社，2011：7.
② 同"①".

脱离知识的传授而只培养能力的教学和脱离能力的培养而只传授知识的教学一样，都是不可能存在的。以科学素养为宗旨是要引导教师改变过于注重知识传授的倾向，转而强调过程与方法，重视情感、态度与价值观的培养。另外，科学素养的高低是纸笔测验等考试方法无法完全测查出来的，若教师在教学实践中只重视考试所关注的那些方面，势必使学生的全面、均衡、和谐发展这一追求落空。

2. 重视培养学生的学习兴趣

2.1 初中生化学学习兴趣的特点

兴趣是人们积极认识某种事物或关心某种活动的心理倾向。[①] 积极的学习兴趣是求知欲的源泉，又是思维的动力，能调动和维持学生学习的积极性和主动性。化学学习兴趣是学生对于化学事物特殊的认知倾向，是学生力求认识化学事物、学习化学知识的带有情绪色彩的意向性心理活动。如果学生对化学产生了浓厚的兴趣，就能够做到在化学学习的过程中自觉地去克服困难、排除干扰，对化学事物的感受就会既敏锐又深刻。因此，学生只有对化学感兴趣，才想学、爱学，才能学好、利用好化学。

根据波动性、稳定性发展的程度，可将兴趣分为有趣、乐趣、志趣三个阶段。

（1）有趣阶段，即对化学现象具有直觉的兴趣，其特点是随生随灭、为时短暂。初中生很容易被客观事物的新奇性所吸引，喜欢观察鲜明、生动、丰富多彩的化学实验现象，但若没有教师的引导，他们将只满足于感知客观事物，并不会产生探索化学现象产生的原因和机理的需要。这种兴趣持续的时间往往很短且波动性大，一涉及较多的化学术语、化学概念，这种兴趣就可能消失。

（2）乐趣阶段，即对化学实验具有操作的兴趣，对化学知识具有因果关系的认识兴趣，其特点是基本定向、持续时间较长。这一阶段的学生不满足只处于观察的被动地位，他们希望自己操作实验，并在观察和操作实验的基础上，对进一步探索产生了兴趣，这种兴趣水平具有一定的稳定性。

（3）志趣阶段，即对化学知识具有概括性的认识兴趣，其特点是积极自觉、持续时间长。这一阶段的学生已不满足于了解个别物质的实验现象的因果联系，而是要求通过它们来了解一类物质的规律性知识，甚至为此亲自进行一些创造性的实验和观察活动，开始对化学产生浓厚而较稳定的学习兴趣。

初中生虽然具备了一定的逻辑思维能力，但是在学习相关化学内容时还需要具体化学事实的支持。在学习化学概念时，大部分初中生很难在概念之间进行演绎，他们运用最多的思维方式是具体的抽象或归纳推理。这种思维方式往往是从实验现象和生活实际出发，先形成表象，再通过表象建立起概念以及概念之间的联系。在建立概念时所用的具体事例，常常成为头脑中概念的附属物，为理解概念提供物质上的支持，

---

① 李伯黍. 教育心理学 ［M］. 上海：华东师范大学出版社，2010：160.

为判断提供依据，为抽象概括提供丰富的感性材料。因此，选择合适的教学内容、教学方式，优化教学活动过程，让初中生感受到化学学习的有趣，发展化学学习的乐趣，形成化学学习的志趣尤为重要。

2.2　学生化学学习兴趣的培养

《课程标准》提出的基本课程理念，第一条便是"使每一个学生以愉快的心情去学习生动有趣的化学，激励学生积极探究化学变化的奥秘，增强学生学习化学的兴趣和学好化学的自信心，培养学生终身学习的意识和能力，树立为中华民族复兴和社会进步而勤奋学习的志向"。课程目标也提到要使学生"保持和增强对生活和自然界中化学现象的好奇心和探究欲望，发展学习化学的兴趣"。由此我们不难发现，课程理念和课程目标均将学生学习兴趣的培养作为初中化学课程的重要追求。

（1）精心组织教学内容，合理设置问题情境，激发学生化学学习的兴趣

初中首次把化学作为一门学科来系统学习，课程的内容从学生身边熟悉的物质入手，逐步过渡到物质构成的奥秘、物质的化学变化、科学探究、化学与社会发展。物质世界的丰富多彩、物质构成内容的抽象、化学变化的多样化以及科学探究的过程化，均要求教学内容的组织力求高效。"从生活走进化学，从化学走向社会"是义务教育化学课程积极倡导的主要线索，因此设置合理的生产、生活问题情境是引导初中生保持和提高化学学习兴趣的重要环节。合理的问题情境中蕴含的知识点应该是课程的重点内容，具有一定的时代性且应与学生已有的经验相联系，能让学生产生认知冲突并主动去寻求新知识、解决问题，把注意力集中到相关内容的学习中。初中化学的课程内容均是从化学科学体系中精选出来的，虽然都是最基础的知识，但却不是零散地堆积、胡乱地拼凑在一起的，每一部分的组成都要受化学科学内在规律的支配，以使学生对有关化学的知识和实验产生兴趣。

（2）利用化学实验，优化教学过程设计，提高学生化学学习的兴趣

化学作为自然科学的重要组成部分，基本特点是以实验为基础，化学科学的产生和发展无不伴随着化学实验的开展。教学时应还原化学知识的产生过程，以促进学生的学习。物质在发生化学变化时伴随的各种现象，是引发学生好奇心的根本原因，能够促使学生感受学习化学的趣味，但它并不能长期维持学生对化学的好奇心。教师如果能启发学生从实验现象中寻找易被忽视的化学原理，引导学生从中获取知识，将好奇心转化成学生探究化学知识的内在动力，那么学生的学习兴趣便能持久、稳定。同时，应设置合理的问题情境，引导学生多方位、多角度、多途径去探讨，使学生能独立地运用已有知识和经验，从不同角度思考问题，寻找解决问题的正确方法和途径，培养学生灵活的应变能力，拓展学生的思维空间，以逐步提高学生学习化学的学趣。

3. 倡导科学探究式教学

3.1 科学探究的内涵

科学探究（Scientific Inquiry）在广义上是指科学家研究自然界并基于此种研究获得证据，提出种种解释的不同途径；狭义上是指学生用以获取知识、领悟科学的思想观念、掌握科学家研究自然界时所用的方法而进行的各种活动。因此，从本质上说，科学探究就是基于研究而对科学及与科学有关的问题进行解释并进行检验，从而得出结论的过程。

科学探究的要素包括提出问题、猜想与假设、制订计划、收集证据、解释与检验、得出结论、反思与评价、表达与交流等方面。问题是科学探究的起点，解释是科学探究的核心。解释是需要证据的，解释实质上就是一种假设，而证据就是假设提出的依据；对同一个问题可以提出多种解释，从而形成多个假设。假设的检验同样需要证据来检验，这种检验实质上就是进一步收集证据来证实或证伪解释的过程。被证明是正确的解释，就是问题的结论。问题、证据、解释和检验是反映科学探究本质的核心要素。

根据探究活动中外界给学生提供指导的多少，可以将探究活动分为定向探究和自由探究。定向探究是指依靠外界提供的大量的指导和帮助而开展的探究活动。它可以是先由教材或教师提供具体的事例和操作程序，再由学生自己收集资料、寻找答案的过程；也可以是先给出有关的概念和原理，由学生自己发现其与具体事例的联系的过程。定向探究为学生体验科学探究过程提供了机会，有利于促进学生对知识的理解。而自由探究则是学生自己独立完成整个探究活动的过程，且在这一过程中只从外界获得很少的指导和帮助。自由探究虽然对学生的要求较高，但也为学生提供了充分发挥创造性、提高探究能力的空间。定向探究和自由探究二者紧密联系，相辅相成。前者是后者的基础，后者是前者的延伸和发展。从定向探究到自由探究，教师的指导行为越来越少，学生的独立参与越来越多。但二者的划分并无绝对界线，而且实际教学中若单纯地将探究活动划分为这两个维度，既过于笼统，又难以为具体的教材编制提供有效指导。下表将科学探究活动简化为提出问题、形成假设、制订方案、收集证据和得出结论五个环节。根据每个环节是由教师提供具体指导还是由学生自己决定探究过程，可以将探究活动分为五种水平，层次越高，则探究活动的开放性程度越大，学生的独立性越强。

层次		提出问题	形成假设	制订方案	收集证据	得出结论
低 ↓ 高	水平 1	教师	教师	教师	教师	学生
	水平 2	教师	教师	教师	学生	学生
	水平 3	教师	教师	学生	学生	学生
	水平 4	教师	学生	学生	学生	学生
	水平 5	学生	学生	学生	学生	学生

初
中化学教师专业能力必修
Chu Zhong Hua Xue Jiao Shi Zhuan Ye Neng Li Bi Xiu

学生探究活动的开展受多种因素的影响，如教学内容的难度、自身的认知发展水平、已有的知识经验等。在教学设计过程中，应根据所选内容的特点，从学生的实际情况出发，先从开放水平较低的探究活动开始，逐渐向开放水平更高的探究活动进发，循序渐进，使探究活动呈现出多种形式和不同的层次。

3.2 基于科学探究的义务教育化学课程

科学探究在社会和生活的各个领域都有广泛的迁移性。作为现代社会的公民，要解决日常生活和工作中的种种问题，科学探究是有效的途径和方法。同时，化学的形成和发展过程中均伴随着科学探究，化学相关职业者需要具备的各项能力，大多也来自于科学探究过程。

3.2.1 义务教育化学课程中的科学探究目标

《课程标准》明确提出应"让学生有更多的机会主动地体验科学探究的过程，在知识的形成、相互联系和应用过程中养成科学的态度，学习科学方法，在'做科学'的探究实践中培养学生的创新精神和实践能力"。《课程标准》一方面强调科学探究是一种重要而有效的学习方式，在内容上对各主题的学习提出探究活动的具体建议，旨在转变学生的学习方式，使学生积极主动地获取化学知识，激发其学习兴趣，培养他们的创新精神和实践能力；另一方面将科学探究作为初中化学课程的重要学习内容，在内容标准中将其单独设为一级主题，明确地提出发展科学探究能力所包含的内容与培养目标，并提出教学实施和评价建议。教师应充分认识科学探究在促进学生科学素养提高的过程中的独特价值，精心设计多层次、多样化的探究活动，有效组织和实施探究教学，通过引导学生主动参与探究活动，促进其学习方式的转变，增进其对科学探究过程的体验，发展其科学探究的能力。

科学探究能改变学生的学习方式，让学生在自主探究活动中建构知识体系，同时理解过程和方法。如"蜡烛的燃烧"探究活动，就是以学生熟悉的事物为突破口，以实验为载体，引导学生了解探究活动的过程和方法，包括观察、描述、记录实验现象、对比、推理、讨论、获得结论等。在探究的过程中，学生既掌握了事实性知识，了解了认识问题和解决问题的一般程序和方法，也增进了对科学探究过程本质的理解，同时也提高了实验技能、创新意识和科学探究能力。

3.2.2 义务教育化学科学探究活动的组织

化学教学中比较常见的科学探究活动形式有两种，一是实验探究活动，二是调查、讨论等活动。例如，探究"质量守恒定律"，可以通过对实验条件的控制，设计三组探究实验，从反应前后天平两端不同的变化情况来引导学生得出结论；还可以通过氧气的发现史或者之前讲过的一些化学反应，引导学生进行分析、总结、讨论，形成对质量守恒定律的宏观认识。在科学探究教学中，应有目的地组织学生交流和讨论，这样既有利于培养学生的表达与合作能力，也有利于发展学生的评价能力。义务教育化学课程中科学探究活动的组织应该注意的问题如下。

（1）精心选择科学探究的内容

义务教育阶段的化学具有启蒙性、基础性的特点，所以初中化学课程的大部分内容都适合于开展科学探究教学，但不是所有的课程内容都适合以科学探究的形式呈现，或需要学生亲自探究。化学术语、化学计算、一些较简单或理论性较强的内容因很难通过简单的探究活动承载和概括，或即使设计成探究的形式让学生参与往往也流于形式，对学生探究能力的培养和发展没有什么实际意义。另外，由于有些地区的学校教学资源有限且义务教育阶段化学课时较少而探究教学费时较多，有些内容还是用传统讲授教学法效率较高。受学生的能力、教学内容、教学时间和教学资源等因素的影响，不是每一次科学探究活动都要学生自主地、独立地经历全过程。大多数时候，学生只经历探究的某一个或某几个步骤，就足以发现或解决问题了。若学生发现问题的能力较差，教师可以直接给出探究问题而不用让学生自行发现和提出问题；若问题太难，学生不能对问题作出假设或猜想，教师可向学生讲解自己的假设；如果探究所需的时间过长，不能在短时间内获得探究的结果，教师就可以适时地提供一些帮助，因为探究学习重在让学生在体验探究过程、掌握研究方法的基础上得出结论。

教学中应该以基本概念、基础理论、化学知识在社会与生活中的重要应用等核心知识、重点知识为中心展开科学探究，如"实验探究空气中氧气的体积分数""实验探究呼出的气体二氧化碳相对含量与空气中二氧化碳相对含量的差异""实验探究碱的主要性质""实验探究酸溶液、碱溶液与金属发生置换反应的规律"等。值得探究的内容能不能进行科学探究，受到学生能力和教学资源等多方面因素的制约。

（2）合理设计科学探究的程度

探究到什么程度要取决于课程的整体安排，具体问题具体分析，不能一概而论。探究活动的设计应该与学生的已有知识经验相联系，探究活动中解决问题所需的能力应该在学生的"最近发展区"内，只有这样，通过对已有的知识经验、各种能力的提取和综合运用，学生才可以进行探究并能够获得一定的结论。学生对过于简单的问题没有探究的兴趣，而太难的问题，既耗时又容易使学生在探究的过程中产生过多的疑惑和挫败感，以致挫伤学生探究的积极性。例如，关于"用一只大钟罩罩在两支长短不同的蜡烛上，哪个先熄灭"这一问题，初中生仅凭生活经验就能回答，不需要探究；而"蜡烛燃烧的条件和产物"这个问题对于初中生来说，就值得探究。

（3）设计多样化的科学探究形式

实验是进行科学探究的主要方式，其地位和作用是其他任何形式和方法都无法替代的。通过实验开展探究活动，能够激发学生的化学学习兴趣，发挥其能动性，并且有利于学生形成运用化学实验手段来探究物质本质及变化规律的科学观和方法论。讨论型探究是学生以小组形式围绕某个主题或问题进行假设，并公开表达和交流自己的见解的探究形式。调查型探究则鼓励学生走出课堂，从身边熟悉的事物入手，收集第一手的信息和资料，借助个人已有的知识经验和各种资源，通过整理、分析收集到的信息和资料，归纳、总结调查结果，发现问题并解决问题的探究形式。除此之外，还有演示探究、模拟探究、联想探究等多种科学探究形式。在课程实施的过程中，教师不要局限在某一形式，而应该根据情况灵活选用。

总之，义务教育化学课程倡导利用实验、调查访问、查阅文献等方法，结合生活和生产实际，开展多样化的科学探究教学活动。在科学探究教学活动中，教师要为学生创设问题情境，设计不同层次、不同要求的探究活动，逐渐增大探究活动的开放性程度，并给予必要的点拨、启发、指导，引导学生发现问题、提出问题并解决问题；要重视科学方法的运用，切实提高探究活动的效率。

4. 体现 STS 教育理念

4.1 STS 教育的内涵

STS 是 Science（科学）、Technology（技术）、Society（社会）三个英文单词的首字母缩写。STS 教育 20 世纪 70 年代初诞生于美国，是指"在现实的技术和社会环境下教授科学内容的活动"，其基本特征是"突出科学、技术与社会的相互联系，以及科学技术在社会生活、生产和发展中的应用"。[1]

科学（Science）是指自然科学，不仅包括静态的科学结论，而且是一种不断前进和自我矫正的对大自然的探究过程。科学是探究过程和科学结论的统一，科学的本质是探究，学习科学最有效的方式就是"做科学"。因此，科学教育变学科学为"做科学"，要求学生的认识过程接近科学发现者的认识过程。

技术（Technology）是客观的物质手段与主观的精神因素相互结合的产物，它在科学与社会之间起桥梁作用。技术曾被看作科学的附属物，这使得科学活动变得越来越抽象和理论化，而技术活动则变得越来越具体化。但随着当代技术的迅猛发展，人类认识到技术与科学一样，也是重要的认识工具。技术在受科学进步影响的同时，也影响着科学的发展，它是独立存在并与科学相互平等的。

社会（Society）在传统科学教育中并不涉及，但自然界和社会存在着相互依存、相互制约的关系，一方面，科学技术转化为生产力是一个复杂的社会过程；另一方面，工业的发展带来对环境的污染和破坏。STS 教育正是在这种历史环境下产生的，强调要为学生提供一个丰富的科学学习背景。

到 20 世纪 80 年代，STS 教育思想已获世界众多学者的广泛认同。STS 教育中，"科学"提供知识，"技术"提供应用这些知识的手段和方法，"社会"则要求以一定的价值观念为指导，使学生懂得应该如何正确对待科学和技术。STS 教育强调科学、技术与社会的关系和技术在社会生产、生活中的应用。与传统教育相比，STS 教育有如下特点。

27

---

① 毕华林. STS 教学与中学化学课程改革［J］. 中学化学教学参考，2005，（12）：12.

（1）在科学教育目的上，由过去片面追求个体认知的发展、知识的掌握转向了包括认知、情感、态度在内的公民科学素养的全面提高。就个体发展目标而言，STS 教育旨在提高学生的科学素养，激发学生对科技的兴趣，培养其适应未来的学习能力、对科技议题的决策能力，帮助学生树立正确的价值观念与伦理观念。

（2）在内容构成上倾向综合化。"生活世界"是完整统一的，而学生进入的"科学世界"则以分科为特征，这在一定程度上割裂了完整的"生活世界"，因而以综合化为特征的 STS 教育便成为科学教育改革的焦点。

（3）在教学方法上更加注重探究与体验。探究立足于物质世界，力求把握客观事物的本质与规律，旨在"说明""求真"；体验则立足于精神世界，试图建构人与自然、人与社会的意义与价值，旨在"理解""求善"。

作为当前国际理科教育改革的潮流和热点，STS 教育是科学教育与人文教育相融合的一种产物，也是我国理科基础教育改革的重点方向。由于保护人类赖以生存的环境已成为当今社会可持续发展的重大课题，环境（Environment）教育便成为公民科学素养教育的重要组成方面，因此有人将 STS 教育扩展为 STSE 教育。

化学作为一门基础的自然学科，其课程内容应与学生生活和社会现实相联系，这并不是说不要学科课程，而是要克服传统课程的封闭性，为传统的化学课程增添时代内容和活力。化学不仅和生物、地理、物理等学科有着密切的联系，和语文、数学以及其他学科也有着密切的联系，这种密切联系表现在生活实际问题中。为了研究和教学的方便，人们作出了学科的划分，但这也造成了学科割裂的负面影响。为此，在处理涉及自然、生活和社会的问题时，要利用 STS 教育的理念，做好各相关学科知识的整合，恢复被人为割裂而本来存在的学科间的内在联系，以帮助学生正确认识世界。

4.2　初中化学课程中的 STS 教育理念

在 STS 教育理念提出之前，化学课程特别重视知识的系统性，以学科逻辑为主线，很少涉及化学在生产、生活中的实际应用。而 STS 教育理念强调结合学生熟悉的生活情境和已有的实际经验开展教学，这不但使学生更容易理解和掌握所学知识，并愿意接受新知识，而且能使学生初步认识和体验化学与社会和环境的联系以及化学在社会、技术和环境中的应用，了解化学在促进社会可持续发展的过程中的重要作用。《课程标准》在课程性质、基本理念、课程目标、课程内容、教学建议、教学评价方面均充分体现了 STS 教育理念。

在课程性质方面，《课程标准》明确指出："化学科学的发展为人类创造了巨大的物质财富，在教学中应该密切联系生产、生活实际，引导学生初步认识化学与环境、化学与资源、化学与人类健康的关系，逐步树立科学发展观，领悟科学探究的方法，增强对自然和社会的责任感，在实践中不断培养学生的创新意识，使其在面临和处理与化学有关的社会问题时能做出更理智、更科学的思考和判断。"

在基本理念方面，《课程标准》提出："注意从学生已有经验出发，让他们在熟悉

初
中化学教师专业能力必修
Chu Zhong Hua Xue Jiao Shi Zhuan Ye Neng Li Bi Xiu

的生活情景和社会实践中感受化学的重要性，了解化学与日常生活的密切关系，逐步学会分析和解决与化学有关的一些简单的实际问题。""为学生创设体现化学、技术、社会、环境相互关系的学习情景，使学生初步了解化学对人类文明发展的巨大贡献，认识化学在实现人与自然和谐共处、促进人类和社会可持续方面所发挥的重大作用，相信化学必将为创造人类更美好的未来做出重大的贡献。"

在课程目标方面，《课程标准》提出要使学生"保持和增强对生活和自然界中化学现象的好奇心和探究欲望，发展学习化学的兴趣"，"感受并赞赏化学对改善人类生活和促进社会发展的积极作用，关注与化学有关的社会热点问题，初步形成主动参与社会决策的意识"，"树立珍惜资源、爱护环境、合理使用化学物质的可持续发展观念"。

在课程内容的选择方面，《课程标准》突破了学科知识体系框架，依据学生的已有经验、心理发展水平和全面发展的需求，力求反映化学学科的特点，重视科学、技术与社会的联系，以"科学探究""身边的化学物质""物质构成的奥秘""物质的化学变化"和"化学与社会发展"为主题，精心选择学生终身学习和适应现代社会生活所必需的化学基础知识，这些化学基础知识同时也是对学生进行科学方法和情感、态度与价值观教育的载体。五个主题暗含一条"从生活走进化学，从化学走向社会"的主线，即引导学生通过科学探究，从身边的化学物质入手学习有关物质构成和变化的知识，然后应用所学化学知识解决实际问题。

在教学建议方面，《课程标准》提出"在教学中，应密切结合学生的生活实际，帮助他们感受身边的化学物质及其变化，增强学习化学的兴趣，认识化学知识在生活实际中的应用"，"还可以设计一些开放性的学习主题，注意化学与社会科学之间的联系"。对于与学生生活实际紧密联系的化学物质及其变化，应注意在教学中寻找新的视角和切入点，使学生形成新的认识。例如，水是学生生活中最熟悉的物质，在教学中可以引导学生从化学的视角认识生活中的水，探究水的组成和性质，了解水的污染和污染源、水的净化和纯化等。在衣食住行等方面也存在着大量与化学有关的素材，教学中可以根据学生的具体情况和教学需要收集和筛选素材，不断充实教学内容。

在教学评价方面，《课程标准》指出，对于纸笔测验"考核的重点要以基础知识的理解和运用为主，不要放在知识点的简单记忆和重现上；不应孤立地对基础知识和基本技能进行测试，注意联系生产、生活实际，取用鲜活的情景，体现实践性和探究性"，"活动表现评价要求学生在真实或模拟的情景中运用所学知识分析、解决某个实际问题，以评价学生在活动过程中的表现与活动成果"。

例9 学习档案收集的资料实例[①]
——对"身边的化学物质"的认识

一些学生在学习"身边的化学物质"的有关内容时，在学习档案中收录了以下资料：

① 中华人民共和国教育部．义务教育化学课程标准［M］．北京：北京师范大学出版社，2011：44－45.

（1）自己或同伴收集到的有关物质组成、性质和变化的资料，包括有关化学品性质、使用、生产的新闻，有关化学研究和化工生产动态的剪报、图片、照片，有关物质的标本等。

（2）在学习了空气、金属、水与溶液和生活中的化合物等内容后，写出的对这些物质的性质及其与社会生活关系认识的小论文，提出的疑难问题。有关校园或社区里灭火器材的配备情况（数量、类型、使用期限和更新、维护的情况）及存在的问题。

（3）自己设计的有关氧气、二氧化碳气体性质的探究方案，活动过程与结果的记录。

……

总之，义务教育化学课程应以提高学生的科学素养为宗旨。一方面，要精心选择化学学科中最基本的核心概念和方法。另一方面，要重视从学生已有的生活经验出发，选择那些与社会和生活实际密切相关、学生感兴趣并能理解的知识内容，引导学生对有关社会问题进行有益的思考；重视社会和个人发展的需要，加强科学、技术与社会三者之间的联系，贯彻STS教育理念。

专题三　掌握初中化学课程的内容标准

　　《课程标准》的第三部分是课程内容，即内容标准，内容标准是通过知识与技能、过程与方法以及情感、态度与价值观三个方面来体现对未来社会公民科学素养的培养要求的。初中化学课程的课程总目标①，是"以提高学生的科学素养为主旨，激发学生学习化学的兴趣，帮助学生了解科学探究的基本过程和方法，发展科学探究能力，获得进一步学习和发展所需要的化学基础知识和基本技能；引导学生认识化学在促进社会发展和提高人类生活质量方面的重要作用，通过化学学习培养学生的合作精神和社会责任感，培养学生的民族自尊心、自信心和自豪感；引导学生学会学习，学会生存，能更好地适应现代生活"。化学课程内容的选择必须服务于化学课程目标，以确保化学课程的实施能够实现课程目标。

　　《课程标准》第三部分的内容标准，提出了5个一级主题：科学探究、身边的化学物质、物质构成的奥秘、物质的化学变化、化学与社会发展。每一个一级主题又可分解成若干二级主题，共有19项。具体内容如下表。

表1　课程内容主题列表

一级主题	二级主题（单元）
科学探究	增进对科学探究的理解 发展科学探究能力 学习基本的实验技能 完成基础的学生实验
身边的化学物质	我们周围的空气 水与常见的溶液 金属与金属矿物 生活中常见的化合物
物质构成的奥秘	化学物质的多样性 微粒构成物质 认识化学元素 物质组成的表示
物质的化学变化	化学变化基本特征 认识几种化学反应 质量守恒定律
化学与社会发展	化学与能源和资源的利用 常见的化学合成材料 化学物质与健康 保护好我们的环境

---

① 中华人民共和国教育部．义务教育化学课程标准［M］．北京：北京师范大学出版社，2011：6．

内容标准规定的是初中生学习化学课程所要达到的最基本的要求，而最基本的要求是国家对经过一段时间化学课程学习后的学生提出的一般的、共同的、统一的要求。但是要注意，"基本"不是"最高"，它并不能包含每位学生的最大发展，教师应根据学生的兴趣、智力、能力等方面的实际情况适当地拓宽或加深课程内容。因此教师应该认真体会和深入理解《课程标准》对内容标准的规定和要求。

1. "科学探究"内容标准解读

新一轮国家基础教育课程改革的一个重要而具体的目标，就是要改变学生被动接受、大量反复操练的学习方式，倡导学生主动参与的探究式学习。在理科各科国家课程标准中，科学探究的意义以及如何通过国家标准促进探究式学习实施的问题，得到了普遍的重视。科学探究不仅被当作重要的理念强调、作为教学建议而提出，而且被列入课程目标和内容标准之中，是必须实施的内容要求。为了在化学的教与学中能有效实施探究式教与学，有必要对科学探究及探究式学习加以梳理与分析。

1.1 什么是科学

从词源学上看，"科学"一词起源于我国古汉语，原意为"科举之学"。科，有分类、条理、项目之意；学则为知识、学问。英文"science"一词来源于拉丁文中的"scientia"，意思是知识、求知。前人在翻译英文"science"的时候，引用了古汉语中的"科学"一词，意为各种不同类型的知识和学问。

《现代汉语词典》对科学的解释是："反应自然、社会、思维等的客观规律的分科的知识体系。"[①] 法国《百科全书》对科学的解释是："科学首先不同于常识，科学通过分类，以寻求事物之中的条理。此外，科学通过揭示支配事物的规律，以求说明事物。"苏联《大百科全书》对科学的解释是："科学是人类活动的一个范畴，它的职能是总结关于客观世界的知识，并使之系统化。"科学这个概念本身不仅包括获得新知识的活动，而且还包括这个活动的结果。因此可以说科学就是有关研究客观事物存在及其相关规律的学说。

美国科学促进会在其制订的"2061计划：面向全体美国人的科学"提出，科学包含科学世界观、科学探究和科学事业三个方面。科学世界观包含世界是可知的、科学理论是变化的、科学知识具有持久性、科学不能为所有的问题提供答案等观点[②]。科学探究具有"科学需要证据，科学是逻辑与想象的结合，科学能进行解释和预测，科学家需要明辨是非、避免偏见，科学不奉行独裁主义"的特点。科学事业则指出："科学是一项复杂的社会活动，科学分为不同学科、在不同机构中进行研究，科学研究中有普遍接受的道德规范，科学家在参与公共事务时既是专家又是公民。"

---

① 中国社会科学院语言研究所词典编辑室. 现代汉语词典［M］. 北京：商务印书馆. 2012：731.
② 刘克文，刘敬华，董素静. 教师十大素养——科学素养［M］. 天津：天津教育出版社. 2008：19.

综上所述，就其本质而言，科学实际上是人类对所观察、认识到的自然现象的合理解释或说明。由于自然界的复杂性、无限性和人类认识的有限性，我们只有不断进行科学探索才能逐步认识大自然运行的规律。科学与人类社会的发展有着密切的关系，社会的价值观、道德观等对科学的发展会产生深刻影响。

1.2 探究式学习和探究式教学

教育中的科学探究是指学生用以获取知识、领悟科学的思想观念以及了解科学家研究自然界所用的方法而进行的各种活动。[①] 科学探究本身是学生学习的一种方式，也就是探究式学习。探究式学习是在教师指导下，学生从教材或社会生活中选择并确定探究课题，用类似科学研究的方式，主动地获取知识、应用知识，然后解决问题的学习过程。化学新课程将科学探究作为课程改革的突破口，提倡用科学探究的方式，激发学生的主动性和创新意识，促使学生积极主动地学习，使获得化学知识和技能的过程也成为学生理解化学、进行科学探究、联系社会生活实际和形成科学价值观的过程。

而探究式教学是从教师教的角度加以理解的。对于探究式教学，很难给其下一个准确的定义，不同的人在不同的场合对探究式教学有不同的解释，因而探究式教学也就呈现出不同的形式，主要有：探究——发现教学、归纳——推理教学、以项目为基础的教学、以问题为基础的教学。总之，一切能使学生充分理解科学探究的本质，发展学生逻辑思维和批判思维能力的教学方式和过程，不论它是以动手活动形式为主，还是以分析、讨论的形式为主，都应该被视为探究式教学。探究式教学对教师提出了较高的要求，这些要求包括：了解学生的知识背景以及学生是如何学习的，然后创造合适的学习环境使学生研究他们自己或由教师提出的问题并获得答案；知道什么时候提供或不提供答案；关注每一个学生；帮助学生发展合作精神以利于问题的解决；建设性地利用学生的错误；给予学生最大自主权的同时又不失对课堂的管理。

1.2.1 探究式学习

探究式学习是由美国学者施瓦布倡导的，旨在使学生通过类似于科学家科学探究活动的方式获取科学知识，并在这个过程中掌握科学研究的方法和技能以及科学的思维方式，形成科学观点、科学精神和对科学本质的理解。科学研究的方法包括：提出问题、预测和假设、设计并进行实验、收集和分析数据、解释问题、交流结果。对科学本质的理解包括以下几个方面：对不同的科学问题采用不同的科学研究方法；在不同的科学领域采用不同的方法、核心理论和标准；使用的技术有助于提高数据的准确性，有助于分析和量化研究结果；科学的解释依赖证据，且具有逻辑一致性；合理的怀疑是科学探究所必需的。科学家通过检验和比较证据，提出替代的解释，或评估其他科学家的解释，当更好的解释出现时，科学就又向前迈进了一步；科学研究过程有

---

① 吴星等.化学新课程中的科学探究 [M].北京：高等教育出版社，2003：279.

时会产生新的想法或现象，或产生新的方法或程序，这有待进一步的研究，或发展新的技术从而改进数据的收集方法。

探究式学习倡导学生扮演主要角色。例如，学生提出研究的问题，在教师的帮助下设计实验方案并付诸实践，自由决定什么时候使用什么资源；跟踪评价自己的学习；自己决定交流结果的表达方式等等。需要指出的是，学生在探究式学习中居主体地位不代表忽视教师的作用，也不代表所有活动的所有环节都必须由学生来主导。

1.2.2 探究式学习与科学探究活动的区别

探究式学习作为一种学习方式，不同于科学家的探究活动。与科学家的探究活动的主要区别在于，探究式学习必须让学生在短时期内掌握学科的基本知识和学科的结构，所以其过程在许多情况下都要被简化。比如，提出问题这个环节，在大部分的教学活动中，问题都由教师或教材提出；在获取事实这个环节，常常是由教师和教材来确定研究方法、步骤、所用材料等，这样就省去了学生设计实验的环节。探究式学习中也要给学生提供进行完整科学探究活动的机会，这样的活动虽然要花费更长的时间，但对学生体验探究的过程是非常必要的。探究式学习的最终目的是要学生掌握科学研究的方法，如果不亲自参与探究，学生就无法理解科学探究的艰难，无法知晓科学家在科学研究中可能遇到的各种挑战，以及科学家怎样通过一次又一次的尝试来解决问题的过程。参与探究可以帮助学生领悟科学的本质。

1.2.3 探究式学习的特征

认识事物的基本方法就是把握它们的特征。美国国家研究理事会 2000 年组织编写出版的一本专著，对科学探究式教与学的重要问题进行了比较系统、有说服力的阐述，并将探究式学习的基本特征概括为如下五个方面[①]。

（1）学习者围绕科学性问题展开探究活动

所谓科学性问题是针对客观世界中的物体、生物体和事件提出的，与学生必学的科学概念相联系，并且能够引发他们进行实验研究、收集数据和利用数据进行解释的问题。在课堂上，一个有难度但又能让人品尝到果实、足以引发探究的问题才是一个科学性问题，才能激发学生的求知欲望，并能引出另一些问题。

（2）学习者能获取可以帮助他们解释和评价科学性问题的证据

与其他认知方式不同的是，科学以实验证据为基础来解释客观世界的运行机制。科学家在实验中通过观察、测量获得实验数据，而实验的环境可以是自然环境，也可以是人工环境。在观察与测量中，科学家利用感官或借助于仪器延伸感官功能进行观察，甚至用仪器测量人的感官所不能感知的物质特性。科学家还可以通过改进测量手段反复观察，或者就相同的现象收集不同类型的实验数据等方法来提高所收集到的证

① "科学探究学习的理论与实验研究"课题组．探究式学习：含义、特征及核心要素［J］．教育研究，2001，(12)：52—56.

据的可靠性。证据是可以被质疑和进一步调查研究的。

在课堂探究活动中，学生也需要运用证据对科学现象作出解释。如学生可以通过观察并记录事物的特征和测量数据以及对化学反应的观测绘制图表，以说明变化情况。同时，学生也可以从教师、教材、网络或其他途径获取证据，对探究活动进行补充。

（3）学习者要根据事实证据形成解释，对科学性问题作出回答

解释要超越现有知识，力求提出新的见解。对于科学界，这意味着知识的增长；对于学生，这意味着对现有知识理解的更新。两种情况的结果都能产生新的认识。例如，学生可根据观察或其他的证据解释不同条件下反应现象不同的原因以及饮食与健康的关系等问题，从而得出新的结论。

科学解释借助于推理提出现象或结果产生的原因，并在证据和逻辑论证的基础上建立各种各样的联系。科学解释须同自然观察或实验所得的证据一致，并遵循证据规则。科学解释还须接受公开的批评质疑，并能够用各种与科学有关的一般认知方法（如分类、分析、推论、预测）和认知过程（如批判性推理和逻辑推理）进行验证。

（4）学习者通过比较不同的解释，特别是那些体现出科学性理解的解释，来评价他们自己的解释

评价解释，并且对解释进行修正甚至是抛弃，是科学探究有别于其他探究形式的一个特征。评价解释时，可以提出这样的问题：有关的证据是否支持提出的解释？这个解释是否足以回答提出的问题？从证据到解释的推理过程是否明显存在某些偏见或缺陷？从相关的证据中是否还能推断出其他合理的解释？

比较不同的解释就是要学生参与讨论，比较各自的结果，或者与教师、教材提供的结论相比较以检查自己提出的结论是否正确。这一特征的根本要素是保证学生在他自己的结论与适合他们发展水平的科学知识之间建立联系。也就是说，学生的解释最后应与当前广泛为人们所承认的科学知识相一致。

（5）学习者要交流和论证他们所提出的解释

科学家以重复验证结果的方式来交流他们的解释。这就要求科学家清楚地阐述研究的问题、程序、证据、提出的解释以及对不同解释的核查，以便疑问者进一步核实或者其他科学家将这一解释用于新问题的研究。而课堂上，学生公布他们的解释，使别的学生有机会就这些解释提出疑问、审查证据、挑出逻辑错误、指出解释中有悖于事实的地方，或者就相同的观察提出不同的解释。学生间相互讨论各自对问题的解释，能够引发新的问题，有助于学生将实验证据、已有的科学知识和他们所提出的解释这三者之间更紧密地联系起来。最终，学生能解决彼此观点中的矛盾，巩固以实验为基础的论证。

探究式学习不是一个新的名词，它已被科学教育工作者实践了近一个世纪。然而，20世纪90年代以来的科学教育改革赋予了探究式学习更深更广的含义。科学探究的途径是多样的，探究式学习的途径也应该是多样的。教师只有真正理解了探究的本质

特征，才能引导学生将探究式学习落到实处，而不至于流于形式。

我们必须重新审视现有的教学方式，紧跟时代发展的脚步，转变传统观念，更新教育教学思想，用新课程理念引领基础教育实践不断得到发展。

1.3 初中化学课程中的科学探究

《课程标准》指出："义务教育阶段化学课程中的科学探究，是学生积极主动地获取化学知识、认识和解决化学问题的重要实践活动……学生通过亲身经历和体验科学探究活动，激发学习化学的兴趣，增进对科学的情感，学习科学探究的基本方法，初步形成科学探究能力。科学探究对发展学生的科学素养具有不可替代的作用。"[1] 科学探究作为人类认识事物的一种重要方式被引入初中化学课程，它是提高学生科学素养的主要途径。《课程标准》一方面将科学探究作为一种重要的学习方式，旨在"引导学生体验科学探究的过程，启迪学生的科学思维，培养学生的实践能力"[2]，另一方面又将科学探究作为重要的学习内容。《课程标准》的第一个主题就是科学探究，其中又包含了四个二级主题：增进对科学探究的理解、发展科学探究能力、学习基本的实验技能、完成基础的学生实验。同时，由于科学探究这部分内容的特殊性，《课程标准》除安排专门的主题外，还将科学探究渗透到了初中化学课程的全过程，在内容标准中对各课题的学习提出了具体的探究活动建议，如"实验探究呼出的气体中二氧化碳的相对含量与空气中二氧化碳相对含量的差异""实验探究酸碱的主要性质""实验探究化学反应前后的质量关系""燃烧条件的实验探究""调查当地燃料的来源和使用的情况，提出合理使用燃料的建议""设计实验，探究农药、化肥对农作物或水生生物生长的影响"等。

1.3.1 "增进对科学探究的理解"的内容及要求

这一主题包括如下内容：

（1）体验到科学探究是人们获取科学知识、认识客观世界的重要途径；

（2）意识到提出问题和做出猜想对科学探究的重要性，知道猜想与假设必须用事实来验证；

（3）知道科学探究可以通过实验、观察等多种手段获取事实和证据；

（4）认识到科学探究既需要观察和实验，又需要进行推理和判断；

（5）认识到合作与交流在科学探究中的重要作用。

这一主题要求在化学学习过程中将科学探究本身作为学习和研究的内容与对象，让学生真正理解科学探究的过程，知道科学探究是认识客观世界的重要途径。科学探究从本质上来讲，是科学家对自然现象或问题的一种研究和探索，旨在发现和揭示客观事物的本质及其相互关系，掌握自然发展的规律。同时，科学探究还是一种认知活

---

[1] 中华人民共和国教育部. 义务教育化学课程标准［M］. 北京：北京师范大学出版社，2011：9.
[2] 中华人民共和国教育部. 义务教育化学课程标准［M］. 北京：北京师范大学出版社，2011：1.

初中化学教师专业能力必修

Chu Zhong Hua Xue Jiao Shi Zhuan Ye Neng Li Bi Xiu

动，这种认知活动可以通过发现或提出问题、作出猜想、建立假设、制订研究方案、检验假设、得出结论等一系列的活动过程或程序来完成。这些活动过程构成了被称为"探究"的科学研究过程，进而也成为判断某种活动是否是科学探究活动的依据。其中发现或提出问题是科学探究活动的起点，问题确定后可根据已有知识和经验对问题进行猜想与假设。在科学探究的过程中，为了认识自然现象或事物的特征、揭示规律，需要运用一系列的科学方法，既可以运用观察等感性认识方法，也可以运用比较、抽象、概括、推理、判断等理性认识方法来寻求问题的答案，获得对于客观世界的理解。科学方法是科学探究的灵魂。科学探究既可以是科学领域里科学家进行的各种探索自然的活动，也可以是个体以类似于科学研究的方式进行的各种科学学习活动。在科学探究活动中，探究者往往需要与他人进行合作和交流，通过集体的智慧来解决探究中的问题。

1.3.2 "发展科学探究能力"的内容及要求

探究能力是顺利进行科学探究活动的根本保证。《课程标准》提出了科学探究的8个要素——提出问题、猜想与假设、制订计划、进行实验、收集证据、解释与结论、反思与评价、表达与交流，并将其作为科学探究能力的培养目标和学习内容。

（1）提出问题

《课程标准》对这一要素提出的要求是："能从日常现象或化学学习中，独立地或经过启发发现一些有探究价值的问题；能比较明确地表述所发现的问题。"《课程标准》强调培养学生独立发现问题和清楚表述问题的能力，因为问题是探究活动的起点，是激发学生学习兴趣、促进学生主动思维的动力。爱因斯坦曾说："提出问题比解决问题更重要。"

一个适合探究的问题至少应具有两个特征，即这个问题必须有一定的难度、需要学生进行解释并能够成为学生理解的问题，同时这个问题必须能激发学生的好奇心和探究欲望。而有探究价值的问题，一方面要能够探究即问题是可能被解决的。例如，"水变油"的问题就不能通过探究活动或其他任何方式解决，属于伪科学问题，也就属于不能探究的问题。同时问题的难度不能超出学生的知识、能力水平，且必须具备相应的教学资源。另一方面要值得探究，也就是说所研究的问题应对发展学生的科学素养有一定的促进作用，能帮助学生掌握化学核心知识、重点知识，或能帮助学生掌握科学方法，或能培养学生良好的科学态度和科学精神。在教学过程中，应引导学生关注日常生活和社会生活中与化学相关的各种现象，为学生创设问题情境，引发其认知冲突，帮助他们从中发现问题、提出问题。

（2）猜想与假设

"猜想与假设"是科学探究能力的又一要素，是科学探究活动的核心环节，它能使学生明确方向，有目的、有计划地进行探究，能够有效地培养学生收集和处理信息的能力。猜想与假设是对问题中事物的因果性、规律性作出的假定性解释。作为一种理性思维的形式，猜想与假设是科学研究常用的方法。猜想是学生接触到问题后，在已有知识经验的基础上，结合对客观现实的感性认识而作出的各种假定。假设是在猜想的基础上经过一系列的实验、分析、比较、归纳等逻辑推理，排除掉一些不可能的猜想而得到的较为科学的假设。假设比猜想更具合理性，对探究的问题也更有针对性和指导性。

《课程标准》对"猜想与假设"这一要素提出了明确的基本要求："能主动地或在他人的启发下对问题可能的答案做出猜想或假设；具有依据已有的知识和经验对猜想或假设做初步论证的意识。"初中化学课程的宗旨是全面提高学生的科学素养，而培养学生的猜想与假设能力是培养学生的科学素养、提高学生对科学活动的预见性的重要途径。猜想与假设是科学思维的一种形式。化学教学必须注重学生猜想与假设能力的培养。在猜想环节，应充分发挥学生的主体性，鼓励学生积极主动地提出尽可能多的猜想，而不需要考虑问题与猜想之间的因果逻辑关系，因为这时学生的思维常常处于一种非常活跃的非逻辑的、发散的状态。假设实质上是通过种种解释对猜想进行排查，因此需要一种有逻辑的聚合思维。在科学探究活动中，提出合理的猜想与假设除了能为探究活动指明方向外，还可以充分发展学生的创造性思维，培养学生的创造能力。

（3）制订计划

"制订计划"是科学探究过程中的一个重要环节。制订计划（或设计实验），就是从操作的角度把猜想与假设具体化、程序化，是在明确了要探究的问题，并对问题作出了初步猜想与假设后所做的工作。在制订实验或活动计划时，要针对探究目的和条件，选择合适的方法（如实验法、调查法、访问法），设计可操作的步骤，考虑可实现的器材、设备和技术等。另外还要考虑影响实验或探究结果的主要因素，确定需要观测的量，并考虑如何采用适当的方法控制实验条件。

《课程标准》对"制订计划"这一要素的要求是："在教师指导下或通过小组讨论，提出活动方案，经历制订科学探究活动计划的过程；能在教师指导下或通过小组讨论，根据所要探究的具体问题设计简单的化学实验方案。具有控制实验条件的意识。"从这一要素目标的陈述中可以看出，在初中化学教学过程中，要求学生完全独立地制订计划是比较困难的，初中生的心理和智力发展程度、知识基础和已有经验还不足以独力完成这一任务。因此，在教学过程中，教师应当加强在这方面的具体指导，为学生提供足够的时间，尽量不要打断学生的思路，对学生的设计进行适当的评论，帮助学生发现和安排制订计划需要考虑的问题和要素，或者在实验或活动过程中指导他们对计划进行补充和完善。

（4）进行实验

"进行实验"是科学探究的又一重要因素。实验是在一定条件下所进行的观察，是学生获取知识、进行创新的重要途径；实验能力，是运用实验方法，完成各种实际操作任务的能力。对这一要素，《课程标准》要求学生："能积极参与做化学实验；能独立地或与他人合作进行实验操作；能在实验操作中注意观察和思考相结合。"也就是说要引导学生正确认识化学实验的作用，并积极参与到实验中来，而且能独立完成实验操作任务，并在操作过程中边观察边思考。培养学生的实验能力是非常重要的，为此，首先要做好演示实验，用优化的步骤和熟练规范的操作给学生作出示范，对学生产生潜移默化的影响。其次要加强对学生基本技能的训练，为学生实验打好基础。实验技能是顺利完成实验的基础。化学实验的基本操作包括药品的取用、简单仪器的使用和连接、加热、气体收集等。只有加强基本操作技能训练，学生的探究活动才有成功的可能。同时，实验过程中要注重培养学生的观察能力，使学生明确观察目的，教给学生观察的方法，帮助学生养成做好观察记录的习惯，其中最为重要就是培养学生有意识地将观察和思考结合起来的习惯。在实验的过程中，还要注重培养学生严谨的科学态度，如实事求是、规范操作、忠实记录所观察到的实验现象和实验结果等。

（5）收集证据

"收集证据"是科学探究能力的构成要素之一，也是科学探究活动必不可少的一个环节。《课程标准》对"收集证据"这一要素的要求是："认识收集证据的重要性；学习运用多种手段对物质及其变化进行观察；能独立地或与他人合作对观察和测量的结果进行记录，并运用图表等形式加以表述；初步学习运用调查、查阅资料等方式收集证据。"需要实证是科学知识与其他知识的区别。实证研究通过观察、实验、调查等途径收集证据。证据包括化学实验事实、化学史实、自然现象、生活经验、化学科学中技术发展及其应用中的重大成果、化学对个人和社会发展产生重要影响的事件等。常用的收集证据的途径和方式有观察和实验、查阅报纸和书刊、调查、访问等。在初中化学教学中，应着力发展学生收集证据的能力：①要让学生掌握尽可能多的收集证据的方法。②注意教给学生对资料事实（包括现象和数据）进行记录、处理的方法。要从获取的大量的实验事实、丰富的资料中获得结论，就必须用科学的方法先对资料进行系统化和简明化处理，如资料的化学用语化、表格化和线图化等。化学用语化即用元素符号、化学式、化学方程式和化学图示等化学用语，对所获得的化学资料和实验事实加以系统化和简明化的一种处理方式。表格化是用表格对化学资料、实验事实进行处理，其特点是条理清晰、整齐有序。教学中应结合具体的教学内容，使学生认识到表格化在化学学习中的重要性，让学生逐步掌握编制表格的一般方法和技巧，并能运用表格对化学资料、实验事实进行记录和处理。线图化是用直线图或曲线图对所获得的实验数据加以系统化和简明化的一种方法。它适用于一个量的变化引起另一个量变化的情况。线图一般是在表格的基础上对两个相关量的再处理。化学教学中常用的线图主要有直线图和曲线图，如溶解度曲线图。

（6）解释与结论

"解释与结论"是科学探究活动的重要组成部分。解释，就是将所观察到的现象与已有的知识联系起来以学习新知识的方法。结论，是指通过推理而得出的结果，是对事物作出的总结性判断。《课程标准》对"解释与结论"这一要素的要求是："能对事实与证据进行简单的加工与整理，初步判断事实证据与假设之间的关系；能在教师的指导下或通过讨论，对所获得的事实与证据进行归纳，得出合理的结论；初步学习通过比较、分类、归纳、概括等方法建立知识之间的联系。"要通过具体的科学探究活动，帮助学生学习解释与作出结论的科学方法，这些科学方法包括比较与分类、归纳与概括等。要有目的、有计划地通过具体的探究活动，使学生在掌握化学基础知识和化学实验技能的同时，发展学生对证据进行解释并得出结论的能力。

（7）反思与评价

《课程标准》对这一要素的要求是："有对探究结果的可靠性进行评价的意识；能在教师的指导下或通过讨论，对探究学习活动进行反思，发现自己与他人的长处与不足，并提出改进的具体建议；能体验到探究活动的乐趣和学习成功的喜悦。"评价与反思，对学生科学探究能力的发展有着重要的作用。反思以及对探究的各个环节和各方面因素进行评价，可以促进探究方法的内化和迁移。化学科学探究活动中需要反思的内容有很多，例如对探究过程中个人的探究兴趣、动机、情感、意志等的强弱变化的反思，对自己的认知特点和认知能力的反思，对探究中所运用的方法是否适当、是否还有更适宜的方法、计划是否得到了彻底的实施的反思，对探究结果是否可靠、是否实现了探究目标的反思，对出现失误时是否采取了适当的补救措施以及成败的原因等进行反思。在引导学生进行自我反思时，自我提问法是培养学生的反思与评价能力，使学生学会学习的一种重要方法。教师可以将要反思的问题列成提问单。根据化学科学探究的特点，自我反思可分成探究活动前、探究活动中和探究活动后的反思。对于提问单，可以根据实际情况来具体选择问题。开始时，可以由教师提供提问单，当学生对自我提问法有了一定了解后，应鼓励并要求学生自己列出提问单，循序渐进地使这种提问由强制转化为学生的自发行为，使学生养成自我提问的习惯。同时，在提高学生自我提问能力的基础上，组织学生分组互相提问也是培养学生反思与评价能力的有效方法。

（8）表达与交流

"表达与交流"是科学探究的重要活动之一。它主要体现在科学教学的过程中，让学生把自己对科学的认识表达出来，并进行相互交流，从而形成各自新的认识。这样既培养了学生的交流技能，又提高了学生科学探究的能力，还能强化学生的科学观念，提升学生学习的兴趣。《课程标准》对表达与交流提出了两方面的要求，一是要求学生能用口头、书面等方式表述探究的过程和结果，并能与他人进行交流和讨论；二是在与他人交流讨论时，既敢于发表自己的观点，又善于倾听他人的意见。也就是要求学生以口头语言以及书面文字、图表、图示、结构式等一系列形式对探究的结果进行表达与交流。学生相互讨论各自对问题的解释，可以引发新的问题，有助于学生将实验证据、已有的科学知识与他们所提出的解释这三者更紧密地联系起来，能帮助学生解

初 中化学教师专业能力必修

Chu Zhong Hua Xue Jiao Shi Zhuan Ye Neng Li Bi Xiu

决彼此观点中的矛盾，巩固以实验为基础的论证。在化学教学中，培养学生表达与交流的能力，需要注意：①要营造有利于人际沟通与合作的良好课堂氛围；②在交流过程中，要鼓励学生发表自己的见解，积极参与辩论；③培养学生认真听取他人意见的习惯；④培养学生理智地坚持己见、尊重客观事实、敢于纠正自己的错误观点的科学态度；⑤培养学生用专业的、科学的术语进行有效表达的能力。表达与交流可以贯穿在探究活动的各个环节中。总之，要形成一种开放、民主的师生、生生间信息多向传递和交换的立体式、交互式教学格局，培养学生乐于合作、分享信息和成果的团队精神。

1.3.3　"学习基本的实验技能"的内容及要求

化学实验技能是初中化学学习的一项重要的基本技能，具备基本的化学实验技能是学生学习化学和进行探究活动的基础和保证。《课程标准》要求的基本的实验技能包括："能进行药品的取用、简单仪器的使用和连接、加热等基本的实验操作；初步学会配制一定溶质质量分散的溶液；初步学会用能在教师指导下根据实验需要选择实验药品和仪器，并能安全操作酸碱指示剂、pH 试纸检验溶液的酸碱性；初步学会根据某些性质检验和区分一些常见的物质；初步学习使用过滤、蒸发的方法对混合物进行分离；初步学习运用简单的装置和方法制取某些气体。"这些是《课程标准》对学生应掌握的化学实验技能的最低水平的规定，是学生顺利完成实验探究任务的保障。化学实验技能涵盖化学实验心智（智力）技能和化学实验操作（动作）技能两个方面。化学实验心智技能，是经过练习而巩固下来的顺利完成化学实验任务的智力活动方式；而化学实验动作技能，即通常所说的化学实验操作技能是指在一定的化学知识和经验的基础上，经过实验操作练习而巩固下来的自动化的、完善的动作活动方式。

1.3.4　"完成基础的学生实验"的内容及要求

实验活动为学生学习和运用化学实验技能和科学探究方法提供了机会和保证。《课程标准》明确了学生必做的实验：（1）粗盐中难溶性杂质的去除；（2）氧气的实验室制取与性质；（3）二氧化碳的实验室制取与性质；（4）金属的物理性质和某些化学性质；（5）燃烧的条件；（6）一定溶质质量分数的氯化钠溶液的配制；（7）溶液酸碱性的检验；（8）酸、碱的化学性质。这 8 种实验可以分为基本操作实验、气体制备和性质实验、金属的实验、酸碱的实验和探究实验。

化学是一门以实验为基础的科学，化学实验可以为学生提供丰富的感性材料，可以解决其他方法解决不了的问题。《课程标准》设置的 8 种必做实验，为学生掌握一定的实验技能、顺利完成科学探究活动提供了保障。教师应根据教学内容、学生的认知水平和学校的实际情况，积极创设条件，通过多种途径精心设计探究活动，有效组织和实施探究教学，高度重视和加强实验教学，充分发挥实验的教育功能，认真指导必做实验，培养学生的基本化学实验技能。

2."身边的化学物质"内容标准解读

本主题是内容标准的一级主题之一,其内容贯穿于初中化学的全两册,既是完成基础教育阶段化学启蒙教育的重要素材,也是初中化学的重要基础知识。从某种意义上来说,"身边的化学物质"是学习初中化学的重要物质载体,也是初中化学内容的重要组成部分。本主题的内容广泛结合学生的生活经验,提供了生动的、丰富多彩的化学物质,设计了有趣的探究活动,因而有助于激发学生学习化学的兴趣。

从知识与技能维度来看,这部分内容不仅为学生学习化学核心概念、掌握化学的基本理论提供了感性的基础,也为学生了解化学与生活、化学与社会发展、化学与技术进步之间的密切关系提供了丰富的素材。从过程与方法的维度来看,对该部分内容的学习,有利于初步了解物质的组成、性质,并在研究物质的性质、用途的过程中,形成基本的实验操作能力。立足于情感、态度与价值观的维度,本主题内容旨在增强学生对化学的好奇心和探究欲望,使他们获得探究物质及其变化的亲身体验,享受探究物质的乐趣;让学生体会到研究身边的化学物质对提高人类生活的水平和质量、促进社会发展的重大意义;帮助学生从化学的角度认识和理解人与自然的关系,初步形成科学的物质观和合理利用物质的意识。

2.1 "身边的化学物质"的内容及要求

2.1.1 选材依据

本主题涉及的空气、氧气、二氧化碳、水、一些常见的酸碱盐溶液、铁等金属、石灰石等矿物以及日常生活中衣食住行都需要的有机物,都是学生在生活中经常接触的化学物质。在小学自然、初中生物和物理等课程中,学生对这些物质已经有了一定程度的了解,具备了一定的认知基础。本主题选取"身边的化学物质"作为化学启蒙教育的素材,既符合学生认知的水平和规律,也能帮助学生从化学的视角进一步认识自然界中的物质及其变化,了解身边的化学物质与人类的密切关系,体会学习化学的重要性,养成联系实际、学以致用的学习态度。在丰富生动的感性知识的学习氛围中使学生初步形成混合物、单质、化合物、酸碱盐等物质分类的概念,有助于学生后续对化学反应分类的学习,以及掌握化学学习的基本思路和方法。

2.1.2 具体内容及要求

本主题涉及的化学物质种类繁多,《课程标准》把这些物质分为四个子专题,由简到繁,由易入难,分散安排。四个子主题依次是我们周围的空气、水与常见的溶液、金属与金属矿物、生活中常见的化合物,每一个子主题又都分为三个板块:内容学习标准、活动与探究建议、可供选择的学习情景素材。下面将具体介绍各个子专题的内容和相关要求。

初中化学教师专业能力必修

Chu Zhong Hua Xue Jiao Shi Zhuan Ye Neng Li Bi Xiu

(1) 我们周围的空气

①具体内容

本子主题从空气开始，介绍空气的成分及用途，然后引入氧气、二氧化碳的性质、用途和制法，对氧气、二氧化碳进行了初步介绍。氧气的性质和制法为进一步理解化学变化和化学性质提供了事实材料，也为概括化合反应和分解反应提供了依据；二氧化碳的主要性质和制法既能加深学生对已知方法的理解，同时也能使学生利用该方法去认识新的化学物质。

②内容分析及要求

首先，要利用身边丰富多彩的素材为学生精心创设学习情境，激发学生的学习兴趣，制造认知冲突，重视教学过程，引导学生主动学习。例如，可以从科学史的角度引入，介绍科学家对空气成分探究的历史过程及研究方法，这其中不仅有知识的教学、方法的渗透，还能让学生体验前人科学研究的态度和过程的艰辛；从"二氧化碳的功与过"这一话题引入课题，不仅结合了生活、生产实际，同时也渗透了辩证看待问题的思维方式的教育。其次，应精心设计学生的探究活动，使学生通过探究的过程学习化学基础知识、掌握基本的实验技能。此外，还可以充分开发和利用多种课程资源，培养学生的实践能力。例如，组织学生调查学校所在地区的大气污染情况，并提出合理的治理建议；利用网上资源进一步了解温室效应，提出防治建议等，让学生在社会真实情境中巩固学习内容，增加知识的广度，体验化学学习的重要性。

(2) 水与常见的溶液

①具体内容

关于水的内容，主要是从社会实际和学生的生活实际出发，在展现水与人类的关系、世界和我国的水资源概况、水的污染和防治等问题的同时，以水为载体，将单质、化合物、物质的组成等化学基本概念及沉淀、过滤、蒸馏等化学实验操作技能的学习贯穿其中。关于常见的溶液内容，主要包括溶液的一些初步知识：溶液的形成，溶质、溶剂、溶液的概念，溶解过程中的吸热和放热现象；从定量的角度介绍物质在水中溶解的限度即物质的溶解度；围绕溶液的浓、稀即一定量的溶液中含有多少溶质这一问题，引出溶液中溶质的质量分数的概念，并结合这一概念进行一些简单计算，初步学习配制一定溶质质量分数的溶液。

②内容分析及要求

本子主题选取的内容主要分为两个板块：水和溶液。对于关于水的内容的呈现，《课程标准》力图为学生提供认识和探索周围事物的素材和线索，并将化学的一些基本概念和基本技能穿插于紧密联系社会、联系生活的内容之中。学生对水非常熟悉，天天接触，那么怎样激发学生的探究兴趣，使学生了解身边不同水的区别，显然非常重要，这就要求教师在进行教学设计时充分考虑学生的认知基础，根据学生的兴趣点进行情境创设。

在进行水的主题教学时，教师可以根据教学内容自制一份课前调查表，关注学生对水的已有认知，了解学生想知道的知识，寻找他们的疑问和兴趣点，根据调查结果进行教学设计，对周围与水相关的教学资源进行整合。还可以结合水的电解实验，引导学生对现象进行观察和讨论，鼓励学生探究事实背后所隐含的本质联系，通过分析、推导等，认识水的元素组成。对于净化水的教学，主要是思路上的拓展和方法上的引导，这就要求教师在教学中提供大量的教学素材，如图片、视频、模型等。

关于溶液的知识，在内容上呈现的特点是：从定性的角度初步认识溶液，从定量的角度研究物质溶解的限度，认识一定量溶液中含有多少溶质。三个课题密切相关，逐步深入，这样的编排设计比较符合学生的认知规律。对溶液概念的理解，学生已有的认知在很大程度上是浅层次的、模糊的，甚至是错误的，因此，教师可以通过呈现相关现象和不同形式的溶液来加深学生的理解，如介绍鱼池缺氧现象与增氧方法、红墨水的纸上层析等。通过服装干洗和处理衣料上的油污来渗透关于溶液的作用的教学，让学生了解生活中使用的洗涤剂的原理。通过无土栽培营养液的配制，让学生体验溶液对植物生长的重要性，掌握配制溶液的基本方法。另外，还可以设计和组织实地调查等实践活动，如海水制盐的原理调查、医药品液体中溶质质量分数的计算等，在实践中进一步加深学生对知识的理解。

(3) 金属与金属矿物

①具体内容

本子主题主要介绍了铁、铝、铜等重要金属及其合金的性质等内容，包括金属的物理性质（如导电性、导热性）、金属的化学性质（如与氧气、盐酸等的反应）以及反应的规律性知识（如金属活动性顺序）、金属资源的利用（如铁的冶炼以及冶炼时有关杂质含量的计算）、金属资源的保护（如金属的腐蚀和防护、废旧金属的回收利用）。从教学目标来讲，该部分内容涉及铁、铝、铜等重要金属及其合金的基础知识与金属活动性顺序和金属腐蚀条件的初步探究的过程、方法，以及合理利用金属资源、金属材料与人类进步和社会发展的关系等情感、态度与价值观方面的教育。

②内容分析及要求

该部分比较集中地介绍了金属和金属材料，涉及的范围很广，包括它们的性质、用途和资源保护等多方面的内容，既渗透了研究化学性质的内容维度，同时也体现了研究化学物质性质的一般方法。从整体上看，该部分内容成发散状，铁、铝、铜及合金逐个突破，有主有次。这就要求教师在教学中必须先进行宏观的教学设计，把握整个内容的主线，同时将每一节内容的重难点贯穿其中，使零散的知识呈现结构化。例如，教师要注意从学生的生活经验和实验事实出发，采用对比的方法，引导学生亲自感受纯金属与合金的性质的差异以及金属与氧气、盐酸等物质反应过程的不同，以加深学生对物质的性质与物质用途的关系的理解。对于一些重点内容（如置换反应、金属活动性顺序、金属腐蚀的条件等），可以采用探究的方式，通过实验引导学生深入讨

初 中化学教师专业能力必修 Chu Zhong Hua Xue Jiao Shi Zhuan Ye Neng Li Bi Xiu

论，并归纳出结论。在活动与探究的过程中，应注意激发学生的学习兴趣，培养学生的学习能力，同时使他们获得新知识。

此外在"金属资源的利用和保护"课题中，课前可以让学生收集有关钢铁腐蚀造成经济损失的资料、设计探究铁制品锈蚀条件的实验，然后在课堂上进行实验方案的探讨和实施，讨论防止锈蚀的方法。课后可以带领学生参观炼铁厂或观看工业炼铁的录像，与实验室炼铁进行对比，使学生能够学以致用。课外活动可以让学生调查家庭金属垃圾的种类，分析回收的价值和可能性，渗透资源保护意识的教育，同时可以向学生介绍一些新科技成果，如形状记忆合金等，让学生在多样化的学习和活动方式中理解并掌握金属的性质及金属资源的应用及保护措施。

（4）生活中常见的化合物

①具体内容

本子主题内容主要包含两部分。第一部分从生活和实验中常见的酸和碱出发，介绍了几种常见酸和碱的性质及用途，并说明了酸和碱性质相似的原因；在酸和碱性质及用途的基础上，进一步介绍了酸和碱之间发生的反应——中和反应以及中和反应在实际中的应用和溶液的酸碱度等。第二部分从学生身边的事物——"盐"和"化学肥料"两个课题出发，旨在使学生了解氯化钠、碳酸钠、碳酸氢钠和碳酸钙的组成及其在生活中的主要用途，掌握复分解反应发生的条件，判断酸、碱、盐之间的反应能否发生，了解农业生产中化肥的组成、用途。此外，《课程标准》还在这部分介绍了常见的有机物。

②内容分析及要求

本子主题内容的特点是寓化学知识的学习与化学实验操作技能的训练于实际应用中，学用结合，融为一体。在内容安排上，该主题注意联系学生的实际，选择学生日常生活或实验时常见的物质，通过实验来说明酸碱盐的性质和用途。教师应通过活动与探究、讨论、调查等方式，培养学生的创新精神和实践能力，使学生掌握科学探究的方法。考虑到本主题是初中阶段无机化学知识的最后一部分，在介绍常见的盐和化肥的组成、用途的同时，要结合相关内容对之前所学知识和技能进行适当归纳、提高或延伸。

例如，在介绍常见的酸和碱之前，教师可以启发学生列举出之前见过或了解的酸和碱，然后再用酸碱指示剂进行检验，确定学生认知的出发点。为增进学生对酸碱指示剂的认识，可以用植物的花朵等来开展探究活动；关于酸和碱的化学性质，教学中可利用教材提供的"活动与探究"模块，引导学生回忆、类推，并指导学生进行简单的归纳和小结，也可以通过对比进行酸和碱的化学性质的学习。在常见的盐的教学中，教师可以从生活中最常见、人们最熟悉的盐，也是学生最早认识的盐——食盐入手，从把盐等同于食盐是一种误解出发，让学生认识二者的区别，这样的导入既有提示作用，说明了学习化学对提高个人素质的重要性，也可加深学生对盐的概念的理解。还可结合为我国制碱工业作出过巨大贡献的侯德榜先生的事迹，对学生进行爱国主义教育；结合碳酸钙的性质简要介绍石笋和钟乳石景观形成的原因，联系实际地理知识，展现化学的魅力，激发学生的学习兴趣。

对于有机物部分的内容，从整体上看不是初中化学的核心内容，属于知识的扩展与应用的范畴，因此《课程标准》对这部分内容的教学要求不高，多属于"知道""了解"的层次。但是这些知识有利于联系社会实际、丰富学生的生活常识，能引起学生的学习兴趣。教学中可以开展阅读资料以及调查研究、课堂讨论、家庭小实验、分角色扮演等活动，让学生通过自学和开展活动的方式，认识有机物对人类生活的重要性。

2.2　教学中应注意的问题

本主题属于初中化学启蒙教育的重要素材，从深度上侧重于探究化学物质的组成与性质，旨在帮助学生初步掌握基本的化学概念，让学生体验科学探究在研究具体物质的过程中所发挥的作用，并以此为载体渗透方法与情感的教育，为学生奠定初中化学重要的知识基础。从广度上初中化学教学应囊括丰富的学习素材，广泛结合学生的生活经验，利用涉及科技、工农业生产、衣食住行等各个方面的化学物质，向学生展示化学的无处不在和化学对人类社会生产的重要意义。本主题在内容上侧重于感性知识的展示，既要将前一主题的科学探究引入化学学科的专有教学模式，从化学的视角探究物质的组成、性质及用途，渗透学习方法指导，同时也为后续主题奠定感性的宏观知识基础，为探究化学学科的突出特征——化学变化和化学反应，提供分析和学习的知识依据。据此，教学中具体应注意以下几点。

改变教学脱离生产、生活实际的现状，扭转单纯讲解物质的组成、性质、变化、用途等知识的倾向，使教学过程成为学生主动学习、亲身体验的过程。

改变重理论、轻实验，重书本知识、轻实际应用的倾向，降低难度，拓宽广度；加强实验设计和实验探究环节，重视创设教学情境；强调从真实的生活情景和自然现象以及学生的生活经验出发，利用学生身边丰富的素材创设学习情境、呈现学习内容，激发学生的学习兴趣，引导学生从真实的情境中发现问题、解决问题，关心自然、关心社会；应帮助学生在情境化的学习中激活以往的情感体验，以利于知识、技能和思维方法的掌握。

改变重视物质组成、性质、变化、用途的线索式记忆和复述知识的教学方式，强调通过学生自主探究去发现和归纳相关知识，实现由重视知识体系的构建到重视学习和研究方法的掌握的转变，为学生今后化学的后续学习奠定基础。

从评价上看，应注意改变以记忆物质性质、用途等知识的多少和熟练程度为主的传统评价方式，转而从三个维度进行多元主体评价，注重学生的全面发展。

3.　"物质构成的奥秘"内容标准解读

化学是从分子、原子水平研究物质的科学，而学生在日常生活中是从宏观的角度去看世界的。本主题的作用主要是帮助学生树立认识物质的独特视角，从微观角度了解物质的构成、理解化学变化的本质。

本主题旨在帮助学生树立"用微粒的观点看世界"这一观念，使学生认识到只有对物质的微观结构有所了解，才能深刻理解物质及其化学变化的本质；引导学生从五彩缤纷的宏观世界进入充满未知和神秘色彩的微观世界，激发学生的求知欲。该主题还能帮助学生通过对元素概念的深刻理解，更好地理解物质的多样性和统一性，体会到化学的奥秘，激发并维持学习化学的兴趣。正是由于人们对物质组成的微观研究和定量研究，才使化学摆脱了经验形态，逐步形成了其自身独特的科学理论。因此，在基础教育阶段，使学生认识物质的分类、组成和构成的化学基础知识，对学生形成全面的化学观、独特的化学视角和提高自身的科学素养具有重要意义。

此外，由于本主题抽象概念比较集中，而且学生缺乏认知经验，所以难度较大，是初中生化学学习的第一个分化点，但本主题对学生以后的学习非常重要，因为它既是今后化学学习的理论基础，又是必不可少的工具。

3.1 "物质构成的奥秘"的内容及要求

3.1.1 选材依据

物质构成的奥秘这一主题包括了化学物质的多样性、微粒构成物质和认识化学元素以及物质组成的表示四个核心主题。

3.1.2 具体内容及要求

（1）化学物质的多样性

①具体内容

认识物质的三态及其转化；

区分纯净物和混合物、单质和化合物、有机化合物和无机化合物；

能从元素组成上认识氧化物；

知道无机化合物可以分成氧化物、酸、碱、盐；

认识物质的多样性。

②内容分析及要求

"化学物质多样性"主题，主要是对具体的身边的物质进行分类，初步建立起纯净物、混合物、单质、氧化物、酸碱盐这样一个初步的物质分类的体系，并且通过物质状态的改变让学生了解到世界是由物质构成的，而构成世界的万物是有着多样性的，起到了承上启下的作用。

（2）微粒构成物质

①具体内容

认识物质的微粒性，知道分子、原子、离子等都是构成物质的微粒；

能用微粒的观点解释某些常见的现象；

知道原子是由原子核和核外电子构成的；

知道原子可以结合成分子、同一元素的原子和离子可以互相转化，初步认识核外电子在化学反应中的作用。

②内容分析及要求

认识物质的微粒性，旨在帮助学生建立起对微粒的基本认识，了解物质由基本微粒构成，构成物质的基本微粒包括分子、原子、离子，其中原子是化学科学最重要的研究对象，原子是由原子核和核外电子构成的，从而让学生掌握质子、中子、核外电子、分子、原子、离子之间的基本关系。这些基本关系的初步构建能使学生从微观角度认识物质的基本构成；知道微粒的基本特点，如微粒在不断运动，质量、体积都很小，微粒间有间隔等；能用微粒的观点解释某些生活中的现象，如墙内开花墙外香等。这是学生在没有相关认知经验的基础上初步树立微粒观，学会从微观的角度看待物质的分类的过程。以具体的物质为载体，帮助学生认识到可见的宏观物质都是由无数个肉眼看不到的微粒聚集而成的，是引导学生从一个新的角度去认识物质的途径，是一个从无到有的过程。这一内容难度不大，但是却很重要。

教学中应充分利用学生已有知识创设教学情境，如关于原子结构的内容，学生在初二物理课已经接触过，因此并不陌生，大部分学生已掌握原子由原子核和核外电子构成这一知识点，但具体到原子核和核外电子在原子内部的位置关系就不甚了解了，因此可以充分利用有关原子结构探索的科学史实，让学生通过体验知识形成的过程来掌握知识。

对问题的探究，既可以提高学生的想象能力、创新能力，还能使学生学习科学家严谨求实的科学态度，更重要的是能让学生认识到知识不是一成不变的，而是在不断发展、完善的，这有利于培养学生的质疑与批判精神。

（3）认识化学元素

①具体内容

认识氢、碳、氧、氮等与人类关系密切的常见元素；

记住并能正确书写一些常见元素的名称和符号；

知道元素的简单分类，能根据元素的原子序数在元素周期表中找到指定的元素；

形成"化学变化过程中元素不变"的观念。

②内容分析及要求

一是在认识化学元素的过程中帮助学生对粒子进行分类认识。物质是多种多样的，但是构成物质的基本的粒子类型是有限的。教师可以通过介绍常见的元素，建立基于原子、质子、核电荷数的元素分类框架，引出对元素周期表的学习。二是帮助学生树立元素不变的观念，引导学生学会运用基于原子和元素的角度来看待物质的变化。

虽然元素是初中化学重要的基本概念，但并不要求学生死记硬背，理解与应用才是核心。经过一段时间的学习，学生已经初步形成从微粒的角度去认识物质的观点，而元素是另一个认识物质的角度，是联系宏观和微观的桥梁。学习元素的概念不是目

初
中化学教师专业能力必修
Chu Zhong Hua Xue Jiao Shi Zhuan Ye Neng Li Bi Xiu

的，目的是学会从元素角度认识物质。对该部分内容的学习，最大的困难是让学生理解——所有物质都是由元素组成的，但元素并不是真实存在的实体，而是基于质子数对原子的一个分类，原子才是物质构成的核心，元素只是联系物质和原子的桥梁。同时还应让学生认识到元素在日常生活中随处可见，为此可以在教学中列举大量生活中应用元素概念的例子。对《课程标准》所提供的关于化学元素的活动与建议，可以适当地拓展，如了解地壳中含量较大的几种元素及其存在形式，收集有关人体新陈代谢必需的微量元素的资料，这些都是元素延伸到生活中的例子。可以说元素不仅仅是一个基本概念，更重要的是一种化学视角，一种用化学视角思考问题的方法。

元素符号是化学用语的基础，对元素符号的记忆和理解，有利于对表示物质组成的式子——化学式和表示化学变化过程的式子——化学方程式的规律的掌握。这要求学生记住常见元素的名称和符号；知道元素符号所代表的意义，即宏观表示元素，微观表示原子；初识元素周期表，能根据原子序数在元素周期表中找到指定的元素。要让学生真正接受元素符号，首先要引导学生理解元素符号的意义，其次还要让学生学会从宏观和微观角度来看元素符号。元素符号不只是单纯的字母，而是有实际意义的。

（4）物质组成的表示

①具体内容

能说出几种常见元素的化合价；

能用化学式表示某些常见物质的组成；

利用相对原子质量、相对分子质量进行物质组成的简单计算；

能看懂某些商品标签上标示的组成元素及其含量。

②内容分析及要求

"物质组成的表示"专题要求学生了解化合价规则，记住常见元素的化合价，知道常见物质的组成；学会化学式的组成表示，并且能够将化合价和化学式结合起来，形成正确表示一些常见物质的能力。同时该专题还引入了定量认识的基本观点，即运用相对原子质量、相对分子质量进行物质组成的计算。

前面说到，"物质构成的奥秘"是初中化学的一个分化点，化合价就是瓶颈。化合价是一个很抽象的概念，在教学中只需要让学生明白化合价表示不同原子化合时的比例关系即可。记住常见元素或原子团的化合价不是目的，能让学生利用化合价正确书写化学式才是我们所想要达到的目标。化合价只是一个工具，所以概念应简化。

3.2 教学中应注意的问题

（1）重在培养观念

这一专题抽象的概念较多，要识记的内容较多，多数学生会觉得枯燥，但这一专题也正是化学学科的基石。在教学中不应偏重对概念定义的解析，更不应过分追求概念的严谨性，也不要要求学生死记概念，而应注意考虑初中生的理解能力和接受水平，把握好教学的难易度，防止学习分化现象的出现。教学中要注重引导学生体会概念的形成过程，以学生已有的经验和熟悉的生活现象为基础归纳概念，引导学生结合概念理解熟悉的现象，在应用中巩固对概念的掌握。本专题教学的核心应放在观念的培养上，即逐步渗透以微粒和元素的角度看物质的观念。

（2）多样化教学

该部分内容比较抽象，对学生而言单纯记忆的确很困难，所以应改变传统教学单一讲授的方法，采用多样化的教学方式来激发学生的兴趣，如创设问题情境的教学、小组竞赛式的教学、利用化学史的探究教学等。教学中可以用多种方法帮助学生记忆，并在记忆的基础上进一步理解化学用语的意义，进而能够应用。该内容的教学应该向学生渗透一种意识：化学符号是化学用语的特征之一，理解化学用语，才能进一步学好化学。

（3）循序渐进，层层深入

教学中不应要求学生一下子就完全理解和掌握概念，而是应遵循学生的认知特点，循序渐进，引导学生层层深入地理解概念。比如元素的概念，学生学习时会先有模糊的对元素概念的认识和感性体验，然后是对元素概念的理解，最后才能把元素概念延伸到生活中，用以解释生活中的现象。在概念教学中应把握好过渡和衔接环节，不能要求学生对微观结构及其变化等相关概念的掌握一步到位。

4. "物质的化学变化"内容标准解读

世界是物质的，而物质是变化的。我们对物质的改造和运用，主要就是通过化学变化来研究物质的性质及其应用而实现的，因此物质的化学变化是化学学科研究的永恒主题，是最具化学学科特色的内容。掌握化学变化的本质、特征、规律、影响因素等知识对于帮助学生形成"物质是变化的"的化学变化观，认识现象和本质的区别与联系，理解化学变化与人类文明的关系，感受化学在社会生产生活中的价值，以及培养学生的化学学习兴趣、严谨求实的科学态度和实践探究能力，都是十分重要的。具体体现在以下几方面。

首先，有利于学生形成基本的化学观念。基本化学观念是学生在学习化学知识的基础上，通过对所学知识不断的概括、提炼和内化而形成的对化学的总体性认识。通过学习这一主题的知识，学生应形成的基本化学观念包括物质变化观、微粒观、能量转化观和质量守恒观。学生在初中阶段首次接触化学，这些基本化学观念的形成将为学生的进一步学习奠定基础，有利于学生掌握正确的科学研究方法。

其次，有利于学生认识宏观现象和微观本质的区别与联系。学习这一主题的知识，旨在使学生认识物质的化学变化和能量变化的关系，并能从分子、原子、离子的水平解释物质发生化学变化的微观本质，从而对化学变化的认识从宏观现象水平过渡到微观本质水平，这有利于学生进一步认识化学现象和本质之间的区别和联系。

再次，有利于学生进一步理解化学与生活、技术以及社会之间的联系。"从生活中

初中化学教师专业能力必修

Chu Zhong Hua Xue Jiao Shi Zhuan Ye Neng Li Bi Xiu

来，回到生活中去"是化学课程的重要理念之一。初中化学教材每一章的内容都是围绕某一个社会生活主题展开的，而"物质的化学变化"这一主题的知识贯穿于教材的每一章。各章节通过介绍各种与物质变化相关的知识，力求使学生认识到人类是怎样利用化学变化为我们的社会生活服务的，从而增进学生对化学与生活、技术以及社会之间的联系的理解。

最后，有利于学生科学素养的提高。义务教育阶段的化学课程以提高学生的科学素养为宗旨。在"物质的化学变化"这一主题中，有许多概念和原理学生可以通过自己探究得出，例如质量守恒定律、金属的活动性顺序等，如果把这些内容的学习设计成学生的自主探究活动，不仅可以提高学生学习化学的兴趣，并且对培养学生的科学探究意识和科学探究能力也是十分有效的。

4.1 "物质的化学变化"的内容及要求

4.1.1 选材依据

"物质的化学变化"这一主题包括化学变化的基本特征、认识几种化学反应以及质量守恒定律三个二级主题，主要包括化学变化的特征、化学反应的类型、质量守恒定律、化学反应的表示方法、化学反应中的能量变化以及金属的活动性顺序等内容。本主题内容从学生日常生活中熟知的物质变化的现象入手，着力引导学生认识两类不同的变化——化学变化和物理变化。总体来看这一主题的知识点比较零散，理论性比较强，是以各种物质间发生的化学反应为载体展开的，因此各种反应原理、规律以及应用，都和具体物质的性质有关。通过对这一主题的学习，学生在知识学习的过程中能逐步理解物质化学变化的本质和规律，最终形成科学的物质变化观。

4.1.2 具体内容及要求

对物质间所发生的化学变化的现象和本质的学习和研究是化学学科的永恒主题。学习有关化学反应的知识对于帮助学生形成有关化学变化的观念，理解化学变化与人类文明的关系，增进对化学与生活、技术、社会之间关系的理解，以及培养学生持续的化学学习兴趣、严谨求实的科学态度和实践探究能力，都是十分重要的。

(1) 化学变化的基本特征

①具体内容

该子主题从平时观察到的各种化学变化现象出发，归纳出化学变化的一些特征，初步介绍了化学反应的本质，能让学生在了解化学变化特征的基础上知道物质发生化学变化时还伴随能量变化，认识到能通过化学反应获得能量；知道某些反应的速率可以受到催化剂的影响。

②内容分析及要求

化学变化是化学学科中最具特色的内容，贯穿于整个中学化学课程。在初中课程中，本主题是沿着感知化学变化、理解化学变化、探索化学变化的规律、应用化学变化这一线索引导学生进行学习的，旨在最终使学生构建稳定的化学变化观。这一线索具体体现为以下几点。

感知化学变化：学生结合已有的生活经验，通过教材和教师提供的大量的化学变化事例感知什么是化学变化，在脑海中形成"物质的化学变化"的模糊的概念。

理解化学变化：通过物理变化和化学变化的比较，建立化学变化的基本概念；知道化学变化是需要条件的，不同的条件导致不同的化学变化；认识化学变化的特点和现象。

探索化学变化的规律：初中阶段探索的化学变化规律主要包括质量守恒定律、燃烧与灭火规律以及金属活动性顺序。化学变化在宏观上的表现是生成了新的物质，其微观本质是反应物的原子重新组合而生成新物质的过程。化学反应前后的物质的量是不变的。另外，化学变化是需要条件的，在不同的条件下物质间会发生不同的化学反应，探索和学习燃烧与灭火规律以及金属活动性顺序的目的就是使学生构建"化学变化条件可控"这样一个观念。

应用化学变化：在学习了化学反应的四种基本类型、掌握了化学反应的基本规律的基础上，学生应能对生活中的相关现象进行解释与说明，了解人类是怎样利用化学变化为生活和生产服务的，认识到化学变化与人类的密切联系。

（2）认识几种化学反应

①具体内容

在对化学变化具有初步认识的基础上，介绍常见的四大基本反应类型——化合反应、分解反应、置换反应和复分解反应，并能利用四大反应解释日常生活中的一些化学现象；能利用金属活动性顺序对有关置换反应能否发生进行判断，并能借以解释日常生活中的一些化学现象；知道利用化学变化可以获得新物质，能为人类提供生活和生产需要。

②内容分析及要求

该子主题以四大基本反应类型为知识载体，力求使学生认识各种类型的化学变化，了解化学变化的多样性。

（3）质量守恒定律

①具体内容

该子主题主要包括认识质量守恒定律，能通过实验总结得出质量守恒定律，并说明化学反应中的质量关系；能正确书写简单的化学方程式；能根据质量守恒定律进行简单的计算；认识定量研究对于化学科学发展的重大作用。

②内容分析及要求

在化学变化的微观过程中，由于构成物质的原子的种类、数目和质量都没有改变，所以在发生化学变化前后，各物质的质量总和相等，这个规律就是质量守恒定律。质量守恒定律可以从微观层面来帮助学生理解化学变化的本质，并且从定量的角度探究化学变化的质量变化规律。通过探索、理解质量守恒定律，学生能认识到定量研究对

初
中化学教师专业能力必修
Chu Zhong Hua Xue Jiao Shi Zhuan Ye Neng Li Bi Xiu

化学学科发展的重大作用。质量守恒定律的学习不仅是学生对物质变化从定性认识到定量认识的一个跨越，也是从宏观现象认识到微观本质认识的一个转变。通过对这部分内容的学习，学生应该能从微观层面上理解质量守恒定律，能说明常见化学反应中的质量关系，能正确书写简单的化学反应方程式，并能进行简单的计算。

4.2　教学策略及教学中应注意的问题

（1）整体把握知识之间的联系以及学生的认知发展

由于本主题的内容在教材中是分散安排的，贯穿于整个中学化学课程，所以必须把"物质的化学变化"这一主题看作一个有机整体。把握好整体与部分、部分与部分之间的关系，才能把握好本主题的教学。首先，在介绍某一种化学变化的相关内容时要注重知识前后的衔接，关注本主题知识的整体逻辑关系，弄清楚它处于整个化学变化知识体系的什么位置，有什么功能与价值。其次，要关注学生的认知发展过程，无论是备课还是在授课过程中都要时刻以学生为主体，根据学生已有的知识水平，引导学生自己建构知识体系并将知识内化，即知道怎样应用这些知识。例如，四大基本反应类型是穿插在不同的章节中讲授的，内容比较分散，但是学完之后学生应该认识到，这四种反应类型是对化学变化的基本分类。在教学时可以通过总结四大化学反应的基本类型，复习有关化学变化的其他相关内容，如某个反应、某个实验甚至某个现象。同时，复习的设计要考虑学生的已有认知水平以及通过学习学生可以达到的认知水平，从各个角度向学生渗透化学变化的各种观念。这样才会促进学生对化学变化较为全面、系统的认识。

（2）注重学生的探究性学习

科学探究是新课程大力提倡的学习方法，它是培养学生的创新能力的主要途径之一。

第一，鼓励学生大胆质疑。学生产生疑问，提出问题，说明他们产生了认知冲突，这种认知冲突会刺激学生尝试用各种方法进行探索。这时候应引导学生提出猜想，并鼓励他们设计探究方案以验证猜想。在探究的过程中，很可能会出现各种问题甚至失败，但因为是自己提出来的问题，学生会有强烈的解决问题的欲望。因此，鼓励学生大胆质疑，不仅能增强学生的学习兴趣，提高其科学探究能力，而且有利于其养成敢于质疑的精神。

第二，注重对学生进行科学探究方法的训练。在进行探究性学习的过程中，得到结论并不是唯一的目的，重要的是熟练掌握其中所用的各种探究方法，例如实验观察法、分析比较法、定性研究法、定量研究法、范例模仿法等。在以后的学习生活中，如果遇到了相似的问题，学生就可以用之前掌握的方法顺利解决。

第三，重视探究性学习情境的创设。创设一个好的探究性学习情境，可以引发学生开展探究性学习活动的原动力和内在需求，能够把学生引入积极探究的状态，使学生的注意力集中在要探究的问题上，这是学生成功进行探究性学习的关键一步。同样，在本主题的探究性学习中也应重视探究性学习情境的创设。在我们周围，不管是在自然界还是在社会生活中，化学变化时刻都在进行，因此教师应该善于利用这些素材进行情境的创设，以激发学生的学习兴趣。

（3）把握好内容的深度和广度

初中阶段对学生学习"物质的化学变化"这一主题及相关知识的要求是比较低的，但本主题涉及的内容与高中知识是相衔接的。例如，在初中阶段，只要求从粒子的重新组合角度来解释化学变化的微观本质，到了高中阶段，需要从化学键的角度来解释化学变化的本质；在初中阶段，是基于反应物和生成物的物质类别把化学反应分为了四大类，而到了高中阶段，是从电子得失角度把化学反应分为了氧化还原反应和非氧化还原反应两类；在初中阶段，只要求学生感受化学变化中伴随着能量的转化，但到了高中阶段，不仅要求知道能量转化的各种形式，还要求从化学键的角度对能量转化进行解释；在初中阶段，只要求从质量变化以及条件的控制角度认识化学变化的规律，而在高中阶段，则要求学生从化学反应的方向、速率和限度等角度认识化学变化的规律。因此，教师在教学过程中要把握好内容的深度和广度，以免增加学生的学习负担。

（4）注重化学语言的学习

化学语言的规范表达体现了一个学生的基本化学素养。初中生刚开始学习化学，掌握好化学用语是进一步学习的基础。在"物质的化学变化"这一主题中，化学语言主要就是指化学反应方程式。初中生对化学反应的认识往往只关注反应的结果而忽视反应的过程，因而不能主动地从微观角度对化学反应的本质进行解释。化学反应方程式具有国际统一性，便于表达和交流。在教学过程中，一是要重视学生对化学反应方程式的规范书写；二是要让学生对化学反应方程式有一个正确的、科学的认识——化学反应方程式是一种高度凝练的化学语言。一个简短的化学反应方程式包含着丰富的信息：反应物在什么条件下发生了什么类型的反应，生成了什么产物，有无能量的变化，反应物和产物在宏观质量和微观粒子之间的关系，等等。同时还要注重化学反应方程式的应用，因为化学方程式本身蕴含了非常丰富的信息，应用也很广泛。在初中阶段，对化学反应方程式的主要应用就在于定量研究某个化学变化时，要求学生能书写简单的化学方程式，并结合质量守恒定律进行简单的计算。

（5）注重与其他学科相关内容的联系

在"物质的化学变化"这一主题中，以"能量"为中心，化学与生物和物理之间形成了联系。在内容上，生物学科中的"细胞内部的能量变化""植物的光合作用和呼吸作用"等内容涉及了本主题的相关内容。通过对生物学科中这部分知识的学习，学生初步了解了细胞内部的能量变化过程、光合作用和呼吸作用的基本过程与原理以及人类能量的基本来源。由于在课程时间安排上，生物的这部分课程先于化学，所以它将对之后学生对化学学科相关内容的学习产生正迁移，从而促进学生对知识的掌握。而在化学学科中关于能量的学习，主要是借助化学变化让学生来感受能量的转化过程，

初
中化学教师专业能力必修
Chu Zhong Hua Xue Jiao Shi Zhuan Ye Neng Li Bi Xiu

从而认识人类是如何获取、利用能量以提高生活质量的，这就又为物理学科中的"能量守恒定律"内容的学习做了铺垫。在教学过程中，教师需要从便于学生学习的角度出发，寻找各学科之间的联系，减轻学生的学习负担，提高教学效率。

5. "化学与社会发展"内容标准解读

"化学与社会发展"这一主题是《课程标准》新增加的内容。化学科学的飞速发展，增进了人类对自然的认识，促进了社会的进步。但任何一门科学都是一把"双刃剑"，化学科学的发展同样也会给社会的可持续发展带来负面影响，所以帮助学生正确认识化学与社会发展的关系就显得尤为重要。因此，本主题选择了化学与能源和资源的利用、常见的化学合成材料、化学物质与健康、保护好我们的环境作为二级主题，这其中包含了与化学有密切联系的材料、能源、健康、环境等内容，希望通过对该主题的学习，学生能够理解自然资源并不是"取之不尽，用之不竭"的，人类要合理地开发和利用资源。树立保护环境、与自然和谐相处的意识，实现社会的可持续发展是体现化学教育价值的重要内容之一，对于初中阶段的化学学习起着非常重要的作用。

"化学与社会发展"主题有助于学生认识化学的社会价值。化学知识源于生活，服务于生活，能促进社会的发展。本主题使学生有机会综合运用知识去分析并解决化学问题，能增强学生综合运用知识的能力，提高其科学素养。这一主题涉及能源、资源、材料等多方面的内容。化学虽然推动了人类社会的发展，但同时也带来了环境问题。即使这样，我们的生活依然离不开这些能源、资源和材料。这就要求学生树立正确的危机意识，辩证地认识化学在社会发展过程中的作用。

"化学与社会发展"主题的应用性、综合性较强，贴近学生的生活实际，与科学、技术和社会联系紧密。因此，学生可以利用所学到的化学知识和原理解释生活或社会中的常见问题。学以致用的过程，可以让学生获得成功的体验，能提高学生的自信，增强其学习兴趣。

从义务教育阶段化学课程本身来看，在《课程标准》五大主题中，"化学与社会发展"这一主题既是内容标准的起点，又是终点。它是建立在"身边的化学物质""物质构成的奥秘"和"物质的化学变化"三大主题基础之上的。学生在前面四个主题中学习的基础知识和基本技能，在"化学与社会发展"这一主题中会得到充分的应用，而学生在对这一主题的学习过程中也可以获得全面的发展。

另外，"化学与社会发展"也为 STS 教育的实施提供了重要平台。在现代科学技术迅猛发展的背景下，加强科学、技术和社会相关联的教育已成为当今课程革新的重要趋势之一。当今社会，人类面临着许多全球性的危机，只有借助于科学的力量，才能促进社会的可持续发展，而作为科学的核心学科——化学，为人类解决这些危机提供了重要的知识、方法和手段。因此，"化学与社会发展"这一主题在义务教育阶段化学课程中，具有其他主题不可替代的作用。

5.1 "化学与社会发展"的内容及要求

5.1.1 选材依据

义务教育阶段的化学课程具有基础性和启蒙性。"化学与社会发展"主题内容的选材注重与日常生活、工农业生产、社会生活环境以及学生已有的经验相联系，着力引导学生从化学的视角认识能源和资源的利用，了解日常生活中熟知的合成材料及其应用；介绍了化学物质与人类健康的关系，向学生揭示了目前人类所面临的社会问题。同时，由于这部分内容涉及的化学知识面较广，《课程标准》对这部分内容的深度也做了较为具体的要求。从学生发展的角度看，该主题的教学可以增强化学教育与实际生活的联系，体现了化学教育的实践性和STS的课程和教育理念，可以培养学生对自然、社会的责任感，引导学生形成正确的价值观。

从初、高中化学课程的衔接来看，整个中学阶段的化学课程可分为三个阶段：初中必修——高中必修——高中选修。从初中阶段到高中阶段，无论是化学学科知识体系的建立，还是知识难度和深度的增加，都要求学生的思维方式和学习方式也作出相应转变。这就需要在初中阶段尽早为学生将来的这种转变奠定基础。将化学知识应用到现实情境中，可以促进学生对化学知识、概念和原理的理解，有利于学生加深对化学知识、概念和原理的印象，了解化学的本质，掌握化学学习的规律，从而为其高中阶段的化学学习打下坚实的基础。

5.1.2 具体内容及要求

（1）具体内容

①化学与能源和资源的利用

认识燃料完全燃烧的重要性，了解使用氧气、天然气（或沼气）、液化石油气、煤气、酒精、汽油和煤等燃料对环境的影响，懂得选择对环境污染较小的燃料；认识燃烧、缓慢氧化和爆炸发生的条件，了解防火灭火、防范爆炸的措施；知道水对生命活动的重大意义，认识水是宝贵的自然资源，树立保护水资源和节约用水的意识；知道化石燃料（煤、石油、天然气）是人类社会重要的自然资源，了解海洋中蕴藏着丰富的资源；知道石油是由多种有机物组成的混合物，了解石油通过炼制可以得到液化石油气、汽油、煤油等产品；了解我国能源与资源短缺的国情，认识资源综合利用和新能源开发的重要意义。

②常见的化学合成材料

知道常见的塑料、合成纤维、合成橡胶及其应用；了解使用合成材料对人和环境的影响；认识新材料的开发与社会发展的密切关系。

③化学物质与健康

了解某些元素（如钙、铁、锌等）对人体健康的重要作用；知道一些对生命活动具有重要意义的有机物（如葡萄糖、淀粉、油脂、蛋白质、维生素等）；知道某些物质（如一氧化碳、甲醛、黄曲霉素等）对人体健康的影响，认识掌握化学知识能帮助人们

初中化学教师专业能力必修

Chu Zhong Hua Xue Jiao Shi Zhuan Ye Neng Li Bi Xiu

提高自我保护意识；初步认识化学科学发展在帮助人类营养保健与战胜疾病方面的重大贡献。

④保护好我们的环境

认识处理"三废"（废水、废气和废渣）的必要性及一般原则；了解典型的大气、水、土壤污染物的来源及危害；认识合理使用化肥、农药对保护环境的重要意义；初步形成正确、合理地使用化学品的意识，认识化学在环境监测与环境保护中的重要作用。

（2）内容分析及要求

"化学与社会发展"主题的核心内容分别围绕能源与资源、常见的化学合成材料、化学物质与人类健康的关系以及环境保护等角度展开。化学与能源和资源的利用专题主要是从化学变化产生物质和能量的角度来讲授化学变化，教学时要注意把握内容的深度。例如关于燃烧，要理解燃烧的规律和价值，不仅仅是从结果上进行分析，更重要的是要从过程、从变化的角度去认识燃烧的本质，从反应的规律、类型、实质等角度去看待产生的物质和能量。对于常见的化学合成材料专题要求从组成特点、性能和用途等化学角度去认识。化学物质与健康专题要侧重从化学角度来认识与健康有关的物质。化学与环境保护专题则要求从化学的角度考虑如何运用化学手段来保护环境，以减少人类对环境的污染。

"化学与社会发展"主题的教学，可以引导学生正确认识化学与社会发展的关系；有助于学生了解社会的方方面面，如健康、材料以及环境保护等都离不开化学，能使学生从更广阔的背景去认识学习化学的意义，了解化学对人类生活产生的深刻影响，认识化学的社会价值。

总之，"化学与社会发展"主题是体现化学教育价值的重要内容之一。加强"化学与社会发展"主题的教学，对于增强化学教育的实践性，体现 STS 教育理念，培养学生对自然、社会的责任感，使学生树立正确的价值观，提高学生的科学素质，都是极其重要的。"化学与社会发展"主题的内容综合性强，如与生物、物理、地理、医学等学科都有联系。对"化学与社会发展"这一主题的学习，能帮助学生加深对化学知识的理解，有利于各学科知识的相互渗透和联系，能帮助学生综合应用知识去分析和解决问题，有助于学生全面认识物质的性质及其对人类和社会的影响，还能帮助学生了解化学科学的发展前景，认识化学在解决人类社会面临的问题上所能发挥的重大作用，可以进一步激发学生学好化学的积极性。

教学中要重视化学与社会生活的联系，加强化学的社会价值教育，关注社会热点、创设真实的问题情境，把化学问题与身边的实际生产、生活、科学发展、社会发展等问题联系起来，注意学科之间的渗透，使学生在学习、生活中养成从化学角度去认识科学、技术、社会和生活等各个方面有关问题的习惯；应尽可能为学生提供动手、动脑的机会，让学生亲身体验，在新的情境中运用知识；注重化学基本知识、基本技能与我们熟悉的生活情境和鲜活的时代背景的结合，强调灵活运用知识解决问题，使学生能从化学的视角观察、分析和解释生活、社会和生产、科技等各方面所涉及的一些简单的化学问题，并能从给出的情境中总结出一些规律。发挥该主题的重要作用和功能，是培养初中生科学素养的一项重要条件，同时也是通过化学学科落实素质教育的一条有效途径。

5.1.3　内容的特点

"化学与社会发展"主题内容与其他四个主题相比，具有综合性、学科性、活动性、开放性和时代性的特点。

（1）综合性

首先，该主题强调化学与生活、社会和技术的密切联系，重点体现的是化学知识在社会生活中的实际运用；其次，该主题内容与其他学科相关内容相互渗透、相互融合，具有一定的内在联系，因此该主题既重视学科内知识的综合，又重视学科间知识的综合。

（2）学科性

该主题内容具有广泛的学科性，不仅是化学学科研究的内容，也是其他许多学科关注的焦点，如材料、健康、环境等。教学时应充分发掘该主题中与化学有关的内容，突出化学知识和方法、化学观念和思想在分析和解决问题时的重要作用，以展示化学学科的魅力，凸显化学学科的价值。

（3）活动性

活动性是指该主题鼓励学生亲自参与实践和探究，亲身体验研究问题和解决问题的具体过程。在"化学与社会发展"主题教学中，开展多样化活动，更符合学生的认知规律和身心发展水平。

（4）开放性

该主题的开放性主要体现在教学内容和教学方式上。具体来说，一是跳出书本，多从与学生联系密切的生活实际、社会热点中取材，多从学生感兴趣的化学最新科研成果以及对化学高科技的展望等方面取材，以丰富教学内容，开阔学生的视野；二是要大胆地走出封闭的教室，利用社区、厂矿、乡村、网络等资源拓宽学习渠道，拓展学习空间，为学生提供更大的自主学习的空间，让他们涉足更广泛的学习领域，获得更丰富的体验，使学生能够更好地发展个性、发挥特长。

（5）时代性

"化学与社会发展"主题所涉及的内容，是推动现代社会文明和科学技术进步的重要力量。随着新能源、新材料的开发与利用，化学学科的地位和作用也愈加显著，特别是在解决人类所面临的日益严峻的环境、能源、健康等方面的问题时，更显示出其重要性。

初中化学教师专业能力必修

Chu Zhong Hua Xue Jiao Shi Zhuan Ye Neng Li Bi Xiu

5.2 教学中应注意的问题

（1）注重情境的选择

"化学与社会发展"这一主题与社会生活联系紧密，不能简单地把该主题当作常识性了解的内容，教学时可以联系真实的情境来促进学生的学习，激发学生的学习兴趣。选择情境时必须注意情境的适用性与真实性，且渗透化学的应用性，以树立化学在学生心目中的实用形象。选择的情境必须蕴含化学知识和问题，不能偏离教学目标，而且问题的难度要适中，否则不利于学生学习自信心与兴趣的产生与保持。

（2）注重化学知识的挖掘和多样化学习活动的开展

由于该主题内容大都涉及社会生活中的实际问题，所以教学设计必定会用到实际生活中发生的一些事件或现象，而这些事件或现象蕴含着丰富的化学知识。由于初中生心理发展水平和智力水平的限制，教师要注重采取合适的教学策略，来引导学生发现其中蕴含的化学知识，并运用化学原理来解释现象或解决问题，培养学生发现问题和解决问题的能力。

除此之外，在教学中还应注重设计形式多样的学习活动。通过前面几个主题的学习，学生已经具备了一定的知识水平和能力，所以在该主题的教学中应注重提高学生综合运用知识的能力。教学中要注意面向全体学生，组织开展多样化的学习活动，让学生最大限度地参与到课堂教学中来。

（3）注重向学生介绍化学的社会价值

越来越多的事实表明，化学在相当程度上推进了现代社会文明的进步，对人类解决当今面临的能源危机、环境危机、资源危机和粮食危机等一系列重大挑战提供了可能的途径。使学生了解化学的应用价值，逐步树立可持续发展的意识，是化学课程的重要功能。

义务教育阶段化学课程中有关"化学与社会发展"的内容不仅贴近生活和社会实际，而且与科技发展息息相关。因此，可以通过社会调查活动、参观活动或结合社会活动日（如"世界环保日"）开展一些与社会相关的化学教育活动，做到"从生活中走进化学，从化学走向社会"，在实践中对学生进行化学社会价值的教育。学生只有真正认识到化学的社会价值，才能加深对化学知识的理解，提高对化学学科的兴趣，进而有信心将来从事与化学有关的职业。

在这一主题中，除联系社会、生活实际和科技发展外，还可以联系其他学科，实施跨学科教学，突破学科中心，从而实现各学科的综合。与化学相关的社会问题往往是综合性的问题，这些问题的解决需要的是复合型能力，而单科的单一知识体系很难发挥作用。因此，有必要在这一主题中实施跨学科教学，实现学科间的综合。在综合课程中，学生可以发现本学科知识在其他学科中的应用，从而提高自身解决实际问题的能力和创新能力，并认识到化学的社会价值。

（4）注重培养学生的决策能力

在当今这个多元化的信息时代，人类面临着越来越多需要作出科学合理决策的问题。决策活动已渗透到日常生活、工作和学习的各个方面。决策能力是一种综合能力，对我们每个人的发展都至关重要。

《课程标准》在课程性质部分明确提出应"使其在面临和处理与化学有关的社会问题时能做出更理智、更科学的思考和判断"。美国的《国家科学教育标准》也提出了要提高学生的科学素养。科学素养可以使人具备运用科学的原理和方法做出明智的决策和参与公共事务的能力。决策能力越来越受到教育界人士的重视，重视学生决策能力的培养，有利于提高其学习效率，为他们将来更好地适应快速发展的社会做好准备。化学作为一门以实验为基础的科学，对于培养学生的决策能力有着天然的优势。

（5）注重学生环保意识的培养

"化学与社会发展"这一主题涉及化石燃料的燃烧、工业"三废"的处理、化肥和农药的使用以及大气、水、土壤污染物的来源和危害等内容。通过对这些内容的学习，学生能认识到目前人类社会所面临的共同环境问题，这有利于增强学生的环保意识。

专题四　体会初中化学教材的编写思想

　　我国新一轮基础教育课程改革，在提高课程的适应性、促进课程管理的民主化、重建课程结构，以及倡导和谐发展的教育、提升学生的主动性、注重学生的经验等方面，对传统的课程模式有了实质性突破。"为了中华民族的复兴，为了每位学生的发展"是新教材编写所追求的目标，新课程改革的这一理念统领着初中化学新教材的编写思想。

　　初中化学新教材的编写思想突出表现为：以知识与技能、过程与方法以及情感、态度与价值观为出发点，全面体现初中化学课程的宗旨和目标，着眼于全方位提高初中生的科学素养；以学生发展为本，把促进学生的可持续发展以及个性发展作为教科书设计的落脚点，把学生终身学习必备的基础知识、基本技能和基本方法的学习，以及创新精神和实践能力的培养作为重点，实现了全面、辩证地反映学生发展、社会需求以及学科内在规律三要素的有机统一。

1. 初中化学教材的编写原则

　　教材的编写应以建构主义理论、多元智能理论、内化学说以及化学与技术的结合、化学与艺术的结合、化学教育与人文教育的结合等思想为理论基础，整体规划全套化学教材的编写目的、指导思想及要落实的目标和体现的特色。总的来说，初中化学新教材的编写遵循了以下原则：

1.1　基础性原则

　　初中化学新教材充分体现了基础性，旨在提供给学生其未来发展所需要的最基础的化学知识和技能，培养学生运用化学知识和科学方法分析和解决简单问题的能力，并引导学生学会从化学角度逐步认识人类与自然环境的关系、分析有关的社会现象。

　　新教材选取了 21 世纪公民所必须具备的最基本的化学知识、技能和方法，力求使每一个学生在现有基础上都能得到发展。《课程标准》要求学生掌握的纯知识的内容总量有所减少，删除了过于繁难或陈旧的部分，难易度适宜；注重研究学科特点与学生发展实际，尊重学生的主体地位，对以往拔高的教材内容做了恰当的删减。比如对化合价的处理，避开了原子结构，不强调理论的系统性和深刻性，而有意从"氧元素为负二价、氢元素为正一价"开始推演，极大地降低了难度。因为前述章节已有关于原子结构知识初步的介绍，所以整个理论系统还是完整的。化合价难度的降低，有利于学生对化学式以及化学方程式的掌握。再如对溶解度知识的讲解，例子简明扼要，不枝不蔓，有利于使学生轻松地跨过初中化学课程的第二个难度分化点。

化学基础知识"是对学生进行情感与价值观教育的载体"，是培植情感与价值观的土壤；情感与价值观的逐步生长与成熟，反过来又能促进学生对化学知识与技能的掌握。

1.2 现实性原则

新教材重视学生的生活经验，密切联系学生的生活实际以及材料、能源、环境、生命科学等现代科学，体现了化学与人类、社会发展的紧密关系以及化学发展的最新成果；注重培养学生获取新知识的能力和运用知识解决实际问题的能力，并在对学生进行科学教育的同时，渗透了人文精神的教育。新教材从学生熟悉的生活情景和已有的实际经验中提炼素材，从丰富、生动的现实生活素材中寻找学习主题，力求使学生逐步认识化学对日常生活和社会发展的重要影响。

新教材的知识主线是：化学使世界变得更加绚丽多彩、走进化学世界、我们周围的空气、自然界的水、物质构成的奥秘、化学方程式、碳和碳的氧化物、燃料及其利用、金属和金属材料、溶液、酸和碱、盐与化肥、化学与生活。

新教材打乱了原有的知识体系，由学生熟知的物质切入，再扩展至相关的化学知识（混合物、纯净物、元素、化合价、微粒），增加了"资料""讨论""活动与探究""家庭小实验""化学·技术·社会""拓展性课题""调查与研究"等栏目，有利于学生进行探究式学习。

新教材力求体现《课程标准》的核心理念，不仅为实现三维教学目标提供了良好的知识载体，有利于促进教师教学能力的提高，而且为学生创设了研究型的学习情境，能够激发学生开展自主学习、合作学习和探究性学习。

1.3 趣味性原则

初中生的心理具有好奇心强、形象思维占主导等特点，针对初中生的认知水平和这一心理发展特点，新教材非常注重知识的趣味性，设计了大量化学实验以及简明易懂、直观形象的示意图、动画和照片，力求图文并茂、色彩明快，为学生的学习创设更为宽松的空间和生动的素材。

化学是以实验为基础的学科，实验在激发学生的学习兴趣方面具有极大的促进作用，因为无论是观察实验还是自己动手操作实验，学生都会表现出浓厚的兴趣，而且如果引导得好，这种兴趣还可能扩展、延伸到其他学科。另外，在课外活动中选择趣味性化学实验，让学生通过观察和感受能产生声、色、光和热的实验，不仅能激发起他们浓厚的学习兴趣，还能缩短书本知识和实际生活之间的距离，既有利于学生化学知识与技能的掌握，也有利于其观察能力、想象能力、分析能力以及操作能力的提高和发展。

讲故事是青少年学生乐于接受的教学形式。上课伊始，一则动人的故事或一个美妙的传说会使学生很快进入角色。教师可通过叙述与新课内容有关的故事，将学生的注意力吸引到课堂学习上来。应注意的是，这种化学故事不仅要紧扣教材内容，而且要"趣"和"悬"，具有启发性和教育性。

新教材图文并茂，其中上册共有插图178张，下册共有插图111张，加大了以图代文和利用图画资料创设学习情境的力度。

插图的作用之一是帮助学生理解微观过程。如上册第51页的"氢气与氯气反应的示意图"，用两个灰色小球表示一个氢分子由两个氢原子构成，用两个绿色小球表示一个氯分子由两个氯原子构成，用结合在一起的一个灰色小球与一个绿色小球表示一个氯化氢分子。该插图形象逼真，有利于学生记忆和理解。

插图的作用之二是帮助学生了解化学实验的基本操作程序。如上册第47页的图3-3"氢气的检验"，实验步骤一目了然。

插图的作用之三是帮助学生掌握生活常识。如上册126页的图7-9"灭火器原理"，能够帮助学生依据图示学会正确使用简易泡沫灭火器。

插图的作用之四是帮助学生了解化学的应用。如上册137页的图7-27"利用炸药定向爆破拆除楼房"。

插图的作用之五是提高学生学习化学的兴趣。如下册73页的图11-9"奇妙的石笋和钟乳石"，画面壮观，版面设计新颖活泼，有利于激发学生的学习兴趣。

兴趣是最好的老师，是求知的巨大动力，是发明创造的源泉。新教材还对学生进行了化学史教育，如结合教材内容，在讲化学的形成与发展时精选并介绍了科学家探索化学奥秘的逸事。

根据初中生的形象识记能力超过抽象识记能力、喜欢动手、再造想象力比较丰富等特点，新教材设置了"讨论""活动与探究""化学·技术·社会"等栏目，从激发学习兴趣出发，着眼于培养学生的创新思维。教师应不失时机地引导学生利用小药瓶、塑料袋、铁丝、蜡烛等常见物品广泛开展小制作、小实验活动。例如，学习了关于着火点的知识点以后，可以组织学生做"烧不坏的手帕""魔棒点灯"等实验。在教学过程中，可借助图片、模型甚至是实物进行直观教学，消除初中生学习化学的畏难情绪，让他们感受到化学的魅力。

1.4　实践性原则

新教材提倡在实践活动中传授知识、技能和方法，渗透积极的情感、科学的态度和正确的价值观，创设生动、真实、多样的科学探究和实践活动情境，让学生体验探究过程，在丰富多彩的活动中培养学生的创新精神和实践能力。

例如，逻辑—数理智力强的学生，很难在嘈杂混乱的环境中学习。如果教师在一节课上不指出重点内容和各种观点之间的关联，或者没有为学生设定清晰的学习目标，而只是漫无边际地讲，那么这类学生就会觉得很不适应。无穷无尽、不断重复的习题和有很多乏味空格要填的练习册，会让这类学生感到厌烦。当给这类学生布置的学习任务对他们来说缺乏挑战时，他们就会问为什么要做这个。如果不解释这一任务与重点内容之间的关联，就强制让这类学生完成，他们最终会放弃。这也是许多调皮的聪明学生厌学的根源之一。逻辑—数理智力突出的学生是学校乃至社会的重要财富，要让这些"千里马"跑起来，教师可以尝试实施探究式教学。因此新教材增设了"活动与探究""家庭小实验""拓展性课题""调查与研究"等栏目，既方便了探究式教学的实施，也有利于激发学生科学探究的兴趣。

科学探究要求学习者自己寻找问题的答案。新教材为了体现科学探究的特点，在保证质量的前提下，相对淡化了学术性和权威性，对要探究的问题并没有给出明确的解释或结论，学习者只有通过探究，才能找到问题的答案或完成探究任务。新教材中的科学探究活动或以学案形式出现，要求学生探究后填空；或列出一个研究课题，要求学生先调查研究、讨论、查阅资料并写成短文，然后再与老师和同学进行交流。

科学探究的程序一般包括提出问题、猜想与假设、制订计划、进行实验、收集证据、解释与结论、反思与评价、表达与交流等多种要素。科学探究活动可有多种形式，活动中包含的探究要素可多可少。

新教材中的"科学探究"泛指学生主动参与的一切探究性学习活动，如实验、查阅资料、制作、数据处理、小组学习竞赛、调查与探究、讨论、课堂练习等。这些活动在新教材中主要表现为"活动与探究""调查与研究""家庭小实验""资料""化学·技术·社会""讨论""课堂练习"等栏目，其中最能体现科学探究活动本质的是"活动与探究"栏目。

科学探究活动强调发挥学生的主动性，但由于探究能力与水平的限制以及探究活动本身的特点，初中生的科学探究活动离不开教师的指导。教师与学生在科学探究活动中的地位与作用，应由教师根据学生科学探究的自主性水平而定。

组织学生进行科学探究是一项重要的教学技能，但很多教师的这种教学技能并不熟练。对此，应该积极进行教学探究，一是及时总结教学实践经验；二是加强学习，借鉴他人的经验。

另外，由于科学探究活动形式多样，且涉及的教学资源种类繁复，所以教材不可能提供探究活动所需要的所有教学资源。其实，由于探究内容的开放性以及不同学校客观条件的限制，教材也无法提供统一的教学资源。因此，为了使学生的科学探究活动进展顺利，教师应根据学校条件和学生情况，开发出使探究活动具有可操作性的教学资源。

1.5 开放性原则

新的课程理念强调的不仅仅是传授知识，更重要的是让学生掌握学习方法，培养学生终身学习的能力，并通过研究性学习、参与性学习、体验性学习、实践性学习，促进学生知识与技能、过程与方法以及情感、态度与价值观的整体发展。

新教材采取了开放性设计模式，在教学过程中提供了较大的伸展空间，主要体现在：一方面除遵照《课程标准》精心编入必学内容外，还编入了一些拓展性课题，供

初
中化学教师专业能力必修
Chu Zhong Hua Xue Jiao Shi Zhuan Ye Neng Li Bi Xiu

学有余力的学生选学，有利于因材施教，发挥学生的个性特长；另一方面是与时俱进，即随着社会的进步、高新科技成果的不断涌现，新教材把与化学相关的时代内容适时引入教学过程，使教学活动变得鲜活多彩，弥补了教学内容相对滞后的缺陷。如在讲授"人类重要的营养物质"课题时，教师可将 2010 年 11 月 22 日晚中央电视台《焦点访谈》栏目报道的"氢化油事件"，插入教学讨论环节，让学生明白化学在检测食物成分与性质时所起的作用，以及研究物质化学性质的重大意义。

1.6 综合性原则

新教材反映了化学在实现人与自然的和谐共处过程中的重要作用，注意学科间知识的综合，注重从科学、技术、社会相互联系的角度引导学生认识材料、能源、健康、环境与化学的关系，力求逐步培养学生综合运用知识的能力。

如上册第 136 页的"化学·技术·社会"栏目所展示的课题——海底"可燃冰"，该栏目内容不多，但牵扯到可燃冰的形成条件、化学成分、储量以及如何开采等诸多问题。在人类能源短缺的今天，可燃冰是一种难得的新能源，然而它埋藏在海底的岩石中，人类目前还没有解决开采的技术问题，若开采时泄露，会严重污染环境，加重温室效应。一连串知识与技术问题能激发学生的求知欲，强化他们学习的积极性，提升其综合素质。

1.7 发展性原则

新教材倡导"立足过程，促进发展"的课程评价观，注重改进评价的功能，不仅关注学生的过去，重视学生的现状，更着眼于学生的未来，力求满足学生未来发展的需要。新教材还特别重视学生探究能力和情感、态度与价值观的培养，强调增强学生的社会责任感和适应未来社会发展的复合能力。

如下册第 104 页的"调查与研究"，力求使学生在调查与研究的过程中发展观察能力，培养学生对社会发展的关注力，提高学生对自然环境的保护能力。采用多种形式进行宣传的过程，能发展学生的阅读、写作、表达、交际、沟通等能力；分析"白色污染"的原因以及危害的过程，能使学生发现自身知识的匮乏，这将对学生自学能力的提高起到直接促进作用，有助于激发学生终身学习的主动性和积极性。

2. 初中化学教材内容的选择

总的来说，新教材是根据《课程标准》中的"内容标准"来选择并确定重点内容和核心概念的，并以重点内容和核心概念作为体系和结构构建的基础，同时采取了最佳的呈现方式以保证这些内容和概念得以落实与体现。

考虑到化学是一门在原子、分子层面上研究物质的组成、结构、性质以及变化规律的自然科学，新教材拟定以元素、原子、分子、离子、化学反应和能量等作为初中化学课程的核心概念。

具体来说，以培养学生科学素养为主旨的初中化学新教材，其教学内容是学生终身学习和适应现代社会生活所必需的化学基础知识，所以新教材的内容是依据学生的已有知识和心理发展水平、化学学科内容的特点以及科学、技术与社会的广泛联系来选择并确定的，主要包括化学事实性知识、理论性知识、技能性知识、策略性知识和情意类内容五个方面。

2.1 事实性知识

事实性知识是指反映物质的性质、制法、用途、存在形式等多方面内容的元素与化合物知识，以及化学与生活、生产实际相联系的知识。这是与人们生活和社会发展联系最紧密的化学知识。新教材从学生已有的生活经验出发，注重引导学生了解身边常见的化学物质，将常见物质性质的教学融入有关的社会、生活生产现象和解决社会生活的实际问题当中，体现了知识的应用性。

2.2 理论性知识

理论性知识是指反映物质及其变化的本质属性和内在规律的基本概念和化学基本原理。它是化学基础知识的精髓，能够加深学生对化学知识的理解，促进知识的有效迁移。作为启蒙阶段的学习，教材中选入的化学理论性知识直接影响着学生对化学学习的兴趣和其认知结构的完善，同时也制约着学生进一步学习和探究的欲望。新教材降低了对定义性概念的记忆要求，强化了对化学基本观念的理解要求，重视学生对化学核心概念与观点的领悟。

例如，对元素、原子、分子等概念，新教材不再要求死记其定义，而是要求学生从构成物质微粒的角度来认识它们。再如，新课程对"微粒构成物质""认识化学元素""物质的化学变化""化学反应与能量"等内容，要求学生从基本观念上加以理解，所以新教材在呈现这些内容时，是以学生日常生活中常见的一系列化学变化和现象为素材的，力求引导学生理解相关概念与内容，而非要求学生死记硬背。

2.3 技能性知识

技能性知识是指能体现化学学科特色的化学用语、化学实验、化学计算等知识。化学用语反映了化学学科特有的思维方式，是学生学习化学的重要工具。学生对化学用语掌握的熟练程度，直接影响着他们学习化学的质量。化学用语作为一种抽象的符号，其本身承载了多种意义，所以化学用语的教学必须与其所反映的宏观现象和微观结构紧密结合，务必使学生在理解有关化学知识的基础上能够掌握和运用化学用语。

化学实验技能是指学生在完成化学实验的过程中所需要的各种技能技巧，包括基本操作、设计实验方案、收集和处理实验数据、分析实验结果等技能。新教材将上述实验技能融入科学探究的过程，将化学实验看作进行科学探究的重要方式，并通过科学探究过程来培养学生良好的实验习惯和规范的实验操作技能，力求使学生养成实事求是、严肃认真、积极探索的实验态度，以达到提高学生科学素养的目的。

开展实验探究活动，一方面可以培养学生实验操作的技能，另一方面可以提高学生获取信息、发现和分析问题、提出假设、设计实验方案、得出实验结论以及表达与

初

中化学教师专业能力必修

Chu Zhong Hua Xue Jiao Shi Zhuan Ye Neng Li Bi Xiu

交流的能力。

2.4 策略性知识

策略性知识是指有关化学学习方法和学习策略的知识。在学生的学习活动中，策略性知识比具体的学科知识和技能具有更高的概括性、更强的迁移性和更广泛的适应性。科学的学习策略能有力地促进学生学习能力的提高。

新教材的策略性知识主要是通过学生的探究活动体现出来的。丰富多彩的探究活动，不仅能让学生有更多的机会主动去体验科学探究的过程，在体验中初步学会用观察、实验等方法获取信息，用文字、图表等化学用语表述有关的信息，还能帮助学生初步学会运用比较、分类、归纳、概括等思维方式对获取的信息进行加工，用联系和变化的观点分析化学现象，解决一些简单的化学问题。

2.5 情意类内容

情意类内容是指能对学生情感、态度与价值观产生影响的有关内容，这部分内容广泛渗透于教材中，是提高学生科学素养的关键内容。情意类内容主要包括能够提高学生化学学习的兴趣、加深学生对化学本质和化学与社会发展关系的认识的内容，以及能够培养学生的科学态度、科学精神并能对学生进行辩证唯物主义和爱国主义思想教育的内容。在新教材中，情意类内容是以不同题材和形式表现出来的。通过丰富多彩的教学活动，情意类内容可以使学生获得有关的情意体验，形成正确的价值观。

67

情感、态度与价值观的形成，不是一朝一夕就可以实现的，也不能通过简单罗列一些生活中的现象和物质来实现，而应以典型事例（如知识点的由来；科学家敏锐地观察到异常现象后，究其根源、潜心研究的故事）为背景，结合具体化学知识的教学，在与学生互动交流过程中来完成。这是一种态度，一种习惯，一种追求，一种精神。

3. 初中化学教材内容的组织

新教材在构建体系结构时，采用了融合的方式，吸收了学科中心课程和社会中心课程体系结构各自的优点，力求使学生在了解化学的发展历史以及化学与人类进步和社会发展的关系的同时，更好地了解化学的本质和价值，且使学生获得基础知识与掌握基本技能的过程，同时成为学生学会学习和形成正确价值观的过程。

新教材采用单元—课题式结构，上下两册共编入了12个单元和一个结束语——"寄语同学们"。每个单元都由几个相关的课题组成，这些课题主题突出，内容组织灵活多变、生动活泼，并具有一定的综合性。课题中设置了"活动与探究""实验""讨论""课堂练习""化学·技术·社会""资料""学完本课题你应该知道""习题""调查与研究""家庭小实验"等栏目，对观察、实验、操作、探究、讨论、调查等活动提出了指导性建议。这既有利于引导学生利用已有的知识和经验主动参与学习和探究活动，也有利于教师创造性地开展教学。

新教材还进行了呈现方式的改革。首先，重点是把学习内容和学习过程结合起来编写，使教科书成为学生学习的指南，其内容不再是单纯的知识的陈述，而是知识、方法和过程的结合体。新教材精心设计了学习思路，既展示了科学探究的方法和过程，同时又传授了知识。其次，强化了对话功能，注重结合学生的亲身感受，贴近学生的生活实际，力求在与学生对话的过程中展示学习内容，使学生乐于学习。

新教材重视学生的生活经验和对过程的体验，不过分强调知识的逻辑顺序，在一定程度上体现了生活性与实用性，适应了初中学生的年龄特点。

新教材内容的组织与编排注重密切联系生活和社会实际，反映最新科技成果，并着重于培养学生运用知识解决实际问题的能力。

新教材强化了实验环节，淡化了演示实验与学生实验的界限，改进了实验内容和方法，使实验趋于简单化、趣味化、微型化和生活化。

新教材改革了习题的结构，对习题细分层次，既注重对习题量的控制，又注重对习题质的提高。

教材作为传递学习信息的一种重要媒体，其中的图画已不再是可有可无的点缀，而是表达学习内容、展示学习方法的重要手段。尤其是教材中的那些实物照片和富有情趣的拟人画，真实、直观、亲切、深刻，往往比文字叙述更具说服力，能发挥文字叙述所难以起到的独特作用。

新教材的内容强化了与学生沟通的功能，语言力求亲切、生动、简明、得体，特别重视教学互动环节。

3.1 取材贴近学生的生活经验和社会发展的实际

化学与社会生活有着广泛而密切的联系，新教材突出了这一特点。新教材的设计使教师在教学过程中既可以从实际问题出发引出将要讲授的内容，也可以让学生在实际情境中展开学习，还可以指导学生将化学知识运用于实际情境中去。例如，在讲述溶液的酸碱度时，教材编入了以下内容：用 pH 试纸测定糖水、肥皂水、自来水、牛奶、汽水、番茄水、橘汁、草木灰水、清洁剂等溶液的 pH，判断各种溶液的酸碱性。

新教材选取的学生熟悉的身边的生活事例十分广泛，如水的净化、钢铁制品的锈蚀、燃烧与熄灭、常见食品添加剂的使用等。与社会可持续发展关系密切的环境问题（如污水、废气、固体垃圾等的危害和处理）、矿物的冶炼、洁净能源的开发、化肥的生产与使用等也都是很好的素材。新教材还同时兼顾了城市和农村学生的生活经验，考虑到了不同地区学生的生活背景，在文字表述上力求贴近不同地区学生的实际水平。

3.2 内容的编排符合学生的思维发展水平

初中生的思维以经验型的逻辑思维为主，他们在理解抽象的概念和结论时往往需要借助生动直观的形象和已有生活经验的支持。新教材的编写契合初中生的心理特点，添加了一些可读性强的情景资料和实验，以激发学生的学习兴趣；语言生动活泼，通俗易懂，既富有感召力，又不失科学性，在表述上多用启发性语句，如"你已经知道了什么""是否还有其他的可能性"。为防止文字冗长、拖泥带水，新教材还设置了"资料""调查与研究""活动与探究""家庭小实验""拓展性课题"等栏目，图文并茂，妙趣横生，为学生提供了充分思考和发挥想象力的空间。

新教材着眼于整体设计，内容的编排统分有据，思路简洁清晰，内容的呈现由浅入深，循序渐进，有利于学生的学习。

3.3 注重培养学生对自然和社会的责任感

新教材能够使学生认识化学在推进社会文明进程中的重要贡献，了解我国的资源现状和利用前景，初步认识化学应用的两面性，形成运用化学知识解决社会现实问题的意识。在讲述水污染、矿物分布、温室效应、化学能的利用等知识点时，新教材在相关章节中设立了"讨论""调查与研究""活动与探究"等栏目。如下册第64页的"调查与研究"："测定本地区土壤的酸碱度，提出土壤改良的建议。结合生物课中所学的知识，试提出适合本地区土壤种植的方案。"这些自主探究活动，有利于培养学生对自然和社会的责任感。

3.4 新教材提供的实验有利于培养学生的实践能力

化学是一门以实验为基础的科学，实验对于化学课程目标的全面落实具有重要的作用。新教材充分体现了实验在培养学生科学思维方面的独特作用。演示实验所产生的清晰、生动和神奇的现象，能启迪学生深入思考，用简单的实验体现"做科学"的思想。例如，为证明微粒之间存在着一定的空隙，教材上册第53页安排了"家庭小实验"："将100 mL水与100 mL酒精混合，所得体积是否等于200 mL？"这种实验能使学生通过简单的探究，经比较、判断、分析而掌握知识，逐步改变"记、背、练"的传统学习方式。

学生实验和家庭实验体现了学生学习的自主性和探究性。设计实验方案、进行实验操作、观察并记录现象、收集并分析数据、获得结论的全过程，是实现探究学习和培养学生的实践能力的重要途径。新教材在这方面精心构思，编出了特色。

3.5 充分体现了科学方法的运用

化学是自然科学的一个分支，化学的研究离不开科学方法。初中化学新教材凸显科学方法在知识形成过程中的重要作用，改变了以陈述方式为主建构内容的传统做法，有计划地在教材中介绍了有关的科学方法。新教材设立了"方法"栏目，以求使学生经历相应的思维活动过程，从中体验和掌握这些方法。例如，在教学生区别物理变化和化学变化的异同时，教师可以演示或让学生分组做"加热水再冷凝""研碎胆矾""溶解少许胆矾的溶液，滴加氢氧化钠溶液""向石灰石上滴加稀盐酸，产生的气体经导管通入澄清石灰水"四个实验，然后指导学生对实验现象进行观察、记录和分析，从而体会科学方法的重要性。

实验序号	变化前的物质	变化时的现象	变化后的物质	变化后有无新物质生成
1	液态水		液态水	
2	蓝色块状的胆矾		蓝色粉末状的胆矾	
3	蓝色的硫酸铜溶液		蓝色氢氧化铜沉淀等	
4	颗粒状石灰石		二氧化碳气体等	

3.6　注重学习方法的指导

新教材内容的组织合理有序，并根据初中生初学化学的实际情况，突出了对学习方法的指导。新教材还设计了相应的学习指导语，如下册第19页："根据你的生活经验……试通过实验对铁制品锈蚀的条件进行探究……通过探究，你对铁制品锈蚀的条件能得出哪些结论？"紧接着是"讨论"："自行车的构件如支架、链条、钢圈等，分别采取了什么防锈措施？"新教材给出的富有针对性的一系列提示，有助于学生掌握学习方法，为其进一步的学习打下基础。

在版面设计方面，新教材在正文页面上留出了一定的空白或表格供学生写要点、提问题、记录观察到的现象和数据或者得出的结论等。如教材上册第114～115页：

[实验6—6]（图略）取四朵用石蕊溶液染成紫色的干燥的纸花。第一朵纸花喷上稀醋酸，第二朵纸花喷上水，第三朵纸花直接放入盛满二氧化碳的集气瓶中，第四朵纸花喷上水后，再放入盛满二氧化碳的集气瓶中，观察四朵纸花的颜色变化。然后将第四朵纸花取出，小心烘烤，观察现象。并填写下表：

	（Ⅰ）	（Ⅱ）	（Ⅲ）	（Ⅳ）
现象				
分析				

3.7　化学概念体现了直观性、关联性和发展性的特点

化学概念是教材内容的重要组成部分，是化学知识的"骨架"。抽象的化学概念往往使学生望而生畏。因此，讲授化学概念时应从学生熟悉的身边的真实现象导入，使学生感知概念并逐步形成理性认识。概念不仅体现了知识表述的简约性，重要的是可以启迪学生进一步思考，拓宽学生的知识视野，使之建立相关知识之间的联系，运用已学概念去理解新的事物，对化学现象作出合理的解释。化学概念本身是发展的，应在教学过程中逐步深化学生对概念的理解。新教材对某些概念作了富有弹性的处理，对义务教育阶段无法给出严格的科学定义或初中生难以理解的概念，采用了泛指、列举或比喻等手段去说明，如上册第76页："元素周期表按元素原子核电荷数递增的顺序给元素编了号，叫做原子序数。"事实上，英国化学家莫斯莱于1913年测得50多种元素的X射线光谱，从中发现了光谱特征线的频率和元素的原子序数的内在关系，从而率先确立了原子序数与核电荷数、核内质子数相等的关系。他把各种元素产生的光

初 中化学教师专业能力必修

Chu Zhong Hua Xue Jiao Shi Zhuan Ye Neng Li Bi Xiu

谱特征线按波长的长短加以系统排列，惊奇地发现这种排列和元素在周期表中的顺序是完全一致的，他把这个排列顺序称之为原子序数。按原子序数排列的元素周期表比按相对原子质量排列的元素周期表更为科学，因为按照相对原子质量排列，在元素周期表中的钾和氩、钴和镍、碲和碘等处，会出现相对原子质量大的元素反而排在相对原子质量小的元素前边的"倒置"现象。

3.8　新教材有利于发挥教师的创造性

新教材充分吸纳学生所需学习的化学基础知识和基本技能，精选了对学生终身学习和未来发展有用的内容。面对不同学生的需要，教材很好地处理了基础与发展的关系。为了培养学生的创新精神和实践能力，新教材增加了有关学生活动的内容，在化学实验和实践活动方面体现了探究性、开放性的导向。新教材虽然在内容体系、活动方式、组织形式和考核评价等方面为教师提供了较大的创造空间，但也使广大化学教师在专业知识、教学能力、管理能力、研究能力诸方面的发展上面临着更多的挑战和机遇，不过从长远来看，这有利于发挥教师的创造性。

4. 初中化学教材习题的编写

习题是学生巩固知识和运用所学知识的重要途径，是教师衡量和评价学生学习效果的重要手段之一。新教材改革了习题的内容和形式，既注重对习题量的控制，又注重对习题质的提高，实行弹性设计，有利于因材施教和促进学生的个性化发展。

新教材习题的编写体现了思想性、实用性、趣味性、探究性、开放性、综合性、前瞻性、科学性、多元化等原则。新教材上、下两册中的习题共有202道，着力突出了试题的实用性、探究性、综合性及科学性。按照侧重点的不同，各种题型所占总题量的比例如下图4-1、表4-1所示：

表4-1　教材习题侧重内容比例　　　　　　　　（单位：道）

思想性	实用性	趣味性	探究性	开放性	综合性	前瞻性	科学性	多元化	共计
5	42	12	35	16	35	4	32	19	202

图4-1　教材习题侧重内容比例图（单位：%）

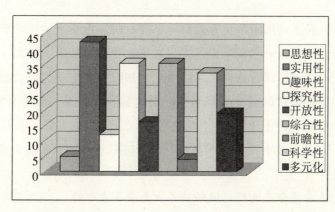

71

虽然新教材优化了习题的设置，但由于各地教育发展现状不均衡、经济状况差异较大、师资水平高低不同、学生接受知识的速度快慢不等等原因，教师在进行章节检测、期中期末考试时，还应依据实际情况，自己编制科学、适宜的习题。这种习题一般应体现出下列特点，现分述并列举实例，以求抛砖引玉。

4.1 思想性

所谓思想性，是指教材中的习题应该能够帮助学生树立严谨的科学态度，能培养学生的探究能力、分析能力、推理能力与决策能力。如从化学史中挖掘的化学题目：

例题 1 1882 年，英国科学家瑞利选用了两种测定氮气密度的方法：一是让空气通过烧得红热的装满铜屑的管子，瑞利认为充分反应后得到的气体是氮气，测得其密度为 1.2572 g/L；二是测定从氨气中分解出来的氮气，密度是 1.2508 g/L。同一种气体的密度应该_____，但两种实验出现了_____的误差，原因何在？瑞利认为，由空气制得的氮气密度大一些，可能有四种解释：

（1）由空气制得的氮气中可能还含有少量的氧气。

（2）由氨气制得的氮气中可能混杂了微量的氢气。

（3）由空气制得的氮气中或许有类似臭氧的 N_3 分子存在。

（4）由氨气制得的氮气，可能有氮分子分解为氮原子，所以氮气的密度变小了。

第一个假设是不可能的，因为氧气和氮气的密度相差极微，_____（可能或不可能）有 5/1000 的误差。第二个假设也不可能，因为实验证明由氨气制得的氮气中不含氢气。第三个解释也不成立，因为采用无声放电使可能混杂 N_3 的氮气发生变化，氮气的密度没有变化，即_____（存在或不存在）N_3 分子。第四种假设也是不可能的，因为氮原子_____（可能或不可能）在正常条件下长期游离。

著名化学家拉姆赛自荐与瑞利一起实验，在用分光镜观察从空气中得到的氮气时，发现多了橙、绿两条谱线，但与已知的元素谱线都对不上号。他们用光谱分析法发现了一种新元素——氩。

氩的发现再次证明，实验是化学研究的重要手段，严谨认真的科学态度是科学发现必备的素质。

4.2 实用性

目前，我国几种不同版本的义务教育化学教材都注重学生的生活经验和在科学探究过程中的体验，不再过分强调知识的逻辑顺序，在一定程度上体现了生活性与实用性，特别注重使学生通过练习获得实际运用化学知识的能力。为此，新教材在编写习题时，强调从学生经历过的或将要经历的社会生活实际出发，设计真实的问题情境，以有利于学生所学知识的正迁移。

例题 2 （1）在新农村进行低碳环保建设的过程中，许多家庭兴建了沼气池，沼气的主要成分是_____。

（2）大米的主要成分是淀粉，淀粉属于六大营养素中的_____。

初 中化学教师专业能力必修 Chu Zhong Hua Xue Jiao Shi Zhuan Ye Neng Li Bi Xiu

（3）用加入洗洁精的水清洗餐具上的油污，效果非常好，原因是_____。

（4）市场上食盐的品种丰富，有碘盐、锌盐、钙盐、硒盐等。这些食盐中含的碘、锌、钙、硒等是指_____（选填"原子""离子""元素"或"单质"）。

（5）误食含有重金属（铅、铜、汞等）的盐类，应服用_____解毒。

4.3　趣味性

初中化学是一门基础学科，初中是学生较系统地接触化学知识的起始阶段，因此，在化学教学中必须以激发学生的学习兴趣和求知欲为切入点，通过大量直观、生动的化学实验来调动学生学习的主动性和积极性，为学生的进一步学习做好准备。要做到这一点，就必须在课堂教学中充分发挥教师的主导作用，突出学生的主体地位；通过对初中化学作业内容的研究，加强作业的应用性开发，力求设计的习题贴近生活，让学生体会到所学知识的价值；通过对初中化学作业形式的研究，减轻学生过重的学习负担，使学生从课内走向课外，从书本走向生活，从封闭走向开放，提高学生的学习兴趣、主动性和积极性。

例题3　如图4-2所示装置，开始实验后，可以观察到"铁树"上浸有无色酚酞试液的棉团，由白色变为红色。该实验中未涉及的有关氨的性质是（　　）

A. 氨分子是不断运动的

B. 氨分子有一定质量

C. 浓氨水具有挥发性

D. 氨气易溶于水，氨气的水溶液显碱性

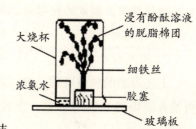

图4-2　实验装置图

4.4　开放性

所谓开放性习题，就是具备解题条件不充分、结论不确定或解题方法多样性特点的题目。

（1）过程开放性习题

例题4　请根据要求写出化学方程式，并注明基本反应类型：①第一个化学反应的反应物只有一种，即 $CaCO_3$；②最后一个化学反应的生成物只有一种，即 $CuSO_4 \cdot 5H_2O$；③后面的反应物之一必须是前一反应的产物，其他所需的各种物质可任意选用。

（2）结论开放性习题

例题5　将约10 mL饱和的A溶液迅速倒入一个装满二氧化碳的塑料瓶中，然后马上用橡皮塞封住瓶口，塑料瓶很快瘪了，则A溶液中溶质的化学式为_____或_____；再用注射器将饱和的B溶液从橡皮塞处注入，已经变瘪的塑料瓶又渐渐鼓了起来，则B溶液中溶质的化学式为_____或_____。试写出有关的化学方程式。

此题目属于结论开放性习题，答案是多样的，涉及的知识点多，覆盖面广，考查的是学生综合运用知识的能力。要求学生答出的结论越多，题目的难度就越大。因为答案是不唯一的，所以题目具有较高的开放度，特别能考查学生知识掌握的程度和应变能力，有利于知识的巩固。

（3）条件开放性习题

此类习题因缺少条件而无法解答，所以要做好此类题目，关键在于补足条件。如：

例题6　请在此题空格处补充一个条件，再进行计算。

将一定质量的铁、锌混合物投入足量的硫酸铜溶液中，_____。求铁与锌的质量比。

参考答案（　　）

①生产的金属恰好与原金属混合物质量相同

②共生产8 g铜

③二者置换出的铜的质量相等

④……

（4）热点开放性习题

例题7　2010年上海世博会中国馆——"东方之冠"能给人以强烈的视觉冲击，它的主体结构为四根巨型钢筋混凝土制成的核心筒。其中钢属于（　　）

A. 金属材料　　　　　B. 合成材料

C. 天然材料　　　　　D. 有机高分子材料

上述习题的质量可谓一般，若改进呈现方式，即可给人以焕然一新的感觉，变为一道如下的开放性习题。

图4-3　东方之冠

例题8　通过上网浏览、查阅资料、咨询专业人士等途径，小安了解到上海世博会中国馆使用了多种建筑材料，如钢材、玻璃、涂料、电力设备等。其中：

属于天然材料的是_____。

属于人工合成的材料是_____。

属于金属材料的是_____。

属于复合材料的是_____。

属于低碳、节能材料的是_____。

开放性习题的优点：

一是内容开放，答案开放，过程开放，为学生提供了广阔的思考空间。有助于引导教师在教学中以学生发展为本；有利于发挥学生思维活跃的优势，提高学生的发散思维水平和创新意识。

二是注重对社会热点的考查，如环保、能源、食品安全以及高科技成果等；注重化学知识与社会生活、生产、科研的联系，可开阔学生的眼界，拓宽学生的知识面，增强学生的责任感。

三是改进了传统的强调死记硬背的学风，有助于倡导适应现代科学发展趋势的高效的学习方式。

四是锻炼了学生灵活运用知识的能力，为学生提供了创新的机会。

开放性习题是一种新的题型，在近几年的中考中频频出现。由于开放性习题重在培养学生的创新意识和实践能力，因此它具有极强的生命力。

4.6 综合性

新教材设计了很多跨章节的习题，以帮助学生学会从整体的、综合的角度去思考问题、解决问题。

例题9 凡 $pH < 5.7$ 的雨水均可视为酸雨。酸雨形成的原因主要是含硫煤的燃烧产生 SO_2，SO_2 在空气中由于尘埃的催化和阳光的照射而被转化为 SO_3，SO_3 溶于水生成硫酸降落到地面。

(1) 写出 S 转化为 H_2SO_4 的各步化学方程式：

① _____；

② _____；

③ _____。

(2) 设计实验，测定雨水的 pH，简述操作过程。

(3) 燃烧 1000 kg 含硫 2‰ 的煤，理论上将产生硫酸____ kg。

按照国家制定的标准，废气中 SO_2 含量每立方米大于 0.15 mg 时即为超标。若每天燃烧含硫 2‰ 的煤 2.4×103 kg，那么排放到空气中的 SO_2 为____ kg。

若用碘溶液测定此种情况下的 SO_2 含量，其原理和操作如下：

$$SO_2 + I_2 + 2H_2O = H_2SO_4 + 2HI$$

通过计算判断此样品中 SO_2 含量是否符合国家标准。

4.7 前瞻性

习题的前瞻性是指编写的习题能使学生在解题过程中结合现代科技发展或化学在当代社会生产、生活中的应用来组织基础知识，或者是用现有知识仍无法解释但有预见性的设想来解决问题。

例题10 宇宙飞船内，宇航员所呼出的气体要通过含有氢氧化锂的过滤网，以除去所含的二氧化碳。在这一过程中，发生的化学反应如下：$2LiOH + CO_2 = Li_2CO_3 + H_2O$。若过滤网内含有氢氧化锂 24 g，最多可吸收多少克二氧化碳？

例题11 偏二甲肼（$C_2H_8N_2$）是我国首个月球探测器"嫦娥一号"的运载火箭发动机推进剂之一。下列关于偏二甲肼的说法正确的是（　　　）

A. 偏二甲肼分子中含有氮气分子

B. 偏二甲肼由碳、氢、氮三种元素组成

C. 偏二甲肼中碳、氢、氮各元素的质量比为 12 : 1 : 14

D. 一个偏二甲肼分子由 1 个碳原子、4 个氢原子和 1 个氮原子构成例题 12　2010年夏天，我国南方出现罕见的旱情。为减缓旱情，农业上应用了保水剂。保水剂是由高分子构成的强吸水树脂，能在短时间内吸收相当于其自身重量上千倍的水分。将保水剂用作涂层，无毒无害，可反复释水、吸水，因此人们把它比喻为微型水库。强吸水树脂是一种新型的高分子材料——聚丙烯酸钠盐，由丙烯酸钠（$CH_2=CHCOONa$）聚合而成，丙烯酸钠由____几种元素组成，每个分子中含有____个原子。

4.8　科学性

教材中涉及成熟概念及理论的习题，要求学生准确理解，并利用所学知识来解释、解决问题。

例题 13　表中每种物质中均含有一种杂质，加入相应的除杂试剂后能否达到除杂的目的？请你给出解释。

组次	物质	所含杂质	除杂试剂	原因
1	KCl	K_2CO_3	稀硫酸	
2	$Cu(OH)_2$	$CuSO_4$ 溶液	$Ba(OH)_2$ 溶液	
3	$Fe(NO_3)_2$ 溶液	$AgNO_3$ 溶液	足量铁粉	

组次1：不能。因为加入 H_2SO_4 后虽除去 CO_3^{2-}，但又引入了 SO_4^{2-}。

组次2：不能。因为 $CuSO_4$ 与 $Ba(OH)_2$ 溶液反应生成了两种沉淀 $Cu(OH)_2$ 和 $BaSO_4$，二者无法分开。

组次3：能。因为 Fe 比 Ag 活泼，$Fe+2AgNO_3=Fe(NO_3)_2+2Ag$，过滤出 Fe、Ag，可得滤液 $Fe(NO_3)_2$。

例题解析：组次1中，一般常见的方法有两种。其一是沉淀法，即加入适量的氯化钙溶液，发生反应：$CaCl_2+K_2CO_3=CaCO_3\downarrow+2KCl$，再过滤就行。其二是气化法，即先加过量的盐酸，盐酸与碳酸钾中和后再加热除去二氧化碳和氯化氢。方法一无法控制加入氯化钙溶液的量，通常会引入杂质 Ca^{2+}；方法二易于操作，所以更优。

4.9　多元化

新教材中的习题设计注重发掘学生的潜能，不局限于传统习题的模式，鼓励学生从社会科学、自然科学、人文科学等方面多角度思考问题。

例题 14　粮食问题一直困扰着人类。1824年，德国化学家维勒首次人工合成尿素，标志着化学肥料的诞生。之后化肥在全世界普遍应用，粮食产量大幅增长。

（1）利用卫星遥感技术观测到某地农田作物抗倒伏能力差，则需向该地土壤中施用的化肥是_____。（①NH_4Cl　②$NH_4H_2PO_4$　③KCl）

（2）有些化肥混合使用会使肥效降低。要鉴别 NH_4Cl 中是否混入了 $(NH_4)_2SO_4$，可先取少量待测样品溶入水，再向其中加入_____溶液，如混有 $(NH_4)_2SO_4$，现象是_____。

有关的化学方程式为_____。

初 中化学教师专业能力必修 Chu Zhong Hua Xue Jiao Shi Zhuan Ye Neng Li Bi Xiu

（3）化肥的使用在提高粮食产量的同时也给土壤和环境带来破坏。某地农田长期大量施用 NH_4NO_3 和 NH_4Cl，使地下水中 NH^{4+}、NO^{3-}、Cl^- 大量增加。为了防止由此引起的地下水污染，你有什么建议？

总之，化学教育教学是一项创造性的工作。化学教师在领悟新教材编写思想的基础上，要全身心投入教育教学工作，发挥自己的聪明才智，结合学生的特点，深化教学改革，紧扣教学内容，探索适合学生的教学法，开创出一条科学高效的化学教育之路。

下 篇

技 能 修 炼

　　要想贯彻新课程的核心理念,提高教学效果,仅仅理解化学课程的本质是远远不够的,除此之外还必须加强教学技能特别是教学设计能力和教学过程把控能力的修炼。此外,开发教学资源、开展教学研究也是化学教师提高专业能力的必经途径。

专题一　初中化学教学设计

　　化学教学活动是一种专门组织起来的、旨在引起师生之间互感互动的系统活动，它具有严格的程序和周密的设计。教学设计不仅是教师将教育理念付诸实践的起点，也是决定教学活动效果的关键。在新课程理念下，我们应该倡导什么样的教学设计观？如何设计和组织学习活动？如何设计教学评价？如何实施教学设计？这些都是教师需要深入思考的问题。

1. 初中化学教学设计的含义

　　有教学，就有教学设计。简单地讲，通常所说的备课是一种传统意义上的教学设计，多是指教师上课前具体的准备工作，主要用于教学目标的明确、教学重点与难点的确定、教学方法的选择、教学过程的安排等，即确定每节课的具体教案。传统的教学设计对教学状态的描述是凭直觉，解决问题的方法是凭经验（包括教师个人及集体积累的经验），一定程度上体现了教师的创造性。但这种以经验为主的教学设计，缺乏自觉性和规范性，设计质量受到设计者已有经验和水平的影响，教学效果难以保证，因此不能称为真正意义上的教学设计。

　　现代教学设计是指在系统科学方法的指导下，运用现代学习理论、教育理论和教师经验，对教学活动进行系统规划，以期达成教学目标的可操作过程。具体来说，就是把各种教学资源有机组织起来，对教学过程中相互联系的各个部分的安排作出整体计划，制订解决问题的步骤，并对预期结果作出评价的操作过程。教学设计是连接教育教学理论和教学技术的纽带，是将现代教学论和学习心理学研究的最新成果转化为教学实践活动的中介，是一门连接教育理论与教育实践的桥梁科学。

　　以系统科学方法为指导，就是把教学过程看作一个系统、一个整体，运用系统分析的方法，综合考虑各种因素的相互联系与相互制约，从理论上和技术上为教学内容、学习活动、教学策略、教学媒体等方面进行全面、综合、有序的规划和安排，提供实现教学设计最优化的切实可行的操作方法。教学设计主要的系统功能在于为学习者设计出借以能够完成学习任务的条件和资源，并形成以书面形式存在的教学方案。

2. 初中化学教学设计的特点

（1）理论性

教学设计必须依据现代教学理论和学习理论，对教学过程的诸要素的组合进行优化，体现教学主体和学习主体的相互作用，以保证设计的科学性和合理性。

（2）系统性

教学设计是一个包括教师、学生、教材、媒体、方法、评价等诸多要素的系统。教学设计必须运用系统方法，从教学过程的整体功能出发，提出解决问题的最佳方案，以促使教学效果最优化。

（3）差异性

教学设计以学习者的实际情况为出发点，来确定学习者的需求和教学活动中需要解决的问题，并提出满足不同学习者的需求和解决问题的方法、步骤。

（4）层次性

教学设计要有层次性。如一门课程、一个学年、一个单元、一个课时，都应该有相应的教学设计。对教师而言，单元、课时的教学设计具有更重要的意义。

（5）预期性

教学设计对教学活动来说，具有预期性。没有预设目标和过程的教学是盲目的教学，教学设计是教学活动得以顺利进行的基本保证。

3. 初中化学教学设计的基本要素

（1）教材内容和学生分析

教材内容分析即教师要对教材内容进行分析，确定所讲内容在《课程标准》中的具体要求、在教材中的地位和作用以及在本章和本节中的地位和作用，对知识的前后联系做到心中有数。

学生分析即对学生进行调研，确定学生的学习起点状态，包括其原有知识水平、已掌握的技能和学习动机、状态等，并分析学生从起点状态到终点状态应掌握的知识与技能以及应形成的态度和行为习惯。

（2）教学目标和重点、难点的确定

即制订教学的预期目标，分析学习任务，确定教学内容的重点，预测学生学习的难点，尽可能用可观察和可测量的行为变化作为教学结果的指标。

（3）教学方法及教学媒体的选择

即根据所制订的教学目标和教学重点及难点，选择合理的教学方法以及恰当的教学媒体，为顺利完成教学任务做好准备工作。

（4）教学活动设计

教学过程是由具体的教学环节和教学活动组成的，只有在教学设计中对教学活动作出细致、恰当的安排，才能保证整个教学过程的流畅和高效。

案例1　"常见的碱"教学设计

课题名称：第十单元课题1"常见的酸和碱"第3课时"常见的碱"

教学背景分析

1. 本课时教学内容的功能和地位

本课时内容属于全日制义务教育《课程标准》一级主题"身边的化学物质"中的二级主题"生活中的常见化合物"。

本课时处于初三化学教学的后期，与前面学过的二氧化碳等物质和后面要学到的盐类物质关系密切，起到承上启下的作用。溶液导电性的学习，是学生理解酸和碱及其相互反应的基础，并能为高中学习电解质打下基础。

常见的碱属于元素化合物的教学，教学重点是碱的化学性质，教学中应与前后内容紧密联系。

2. 学生情况分析

学生已了解常见的酸——盐酸和硫酸的性质，并能从 H^+ 的角度认识酸的化学性质，具备了探究碱的化学性质的基础和能力；学生对于二氧化碳与石灰水的反应非常熟悉，这对于研究二氧化碳与氢氧化钠的反应具有促进作用。

如果能从学生已有的经验出发教授新知识，学生比较容易接受。同样，如果能将新知识的讲授渗透于生活、生产或实验等实际问题，可以加深学生对知识的理解。

该班学生基础较好，能力较强，探究活动可以比较开放。学生有能力也有兴趣进行较深层次的探究。

教学目标

1. 知识与技能

了解氢氧化钠、氢氧化钙的主要化学性质；

从解离出 OH^- 的角度了解不同的碱具有相似的化学性质。

2. 过程与方法

在探究过程中，学会使用对比的方法研究、分析问题；

通过知识的迁移，采用类比的方法从氢氧化钙的化学性质推测出氢氧化钠的化学性质。

3. 情感、态度与价值观

通过对碱的化学性质的探究，激发学生对相关知识的探究欲，增强学生的学习兴趣。

教学重点和难点

1. 教学重点

碱的化学性质。

2. 教学难点

氢氧化钠与二氧化碳的反应过程与结果。

教学用品、教学手段和主要教学方法

1. 教学用品

仪器：一个充满二氧化碳的试管、两个充满二氧化碳的塑料瓶、试管、烧杯、喷泉实验装置。

药品：酚酞试液、盐酸、氢氧化钠溶液、碳酸钙溶液。

2. 教学手段

化学实验，多媒体技术。

3. 主要教学方法

科学探究与讨论相结合。

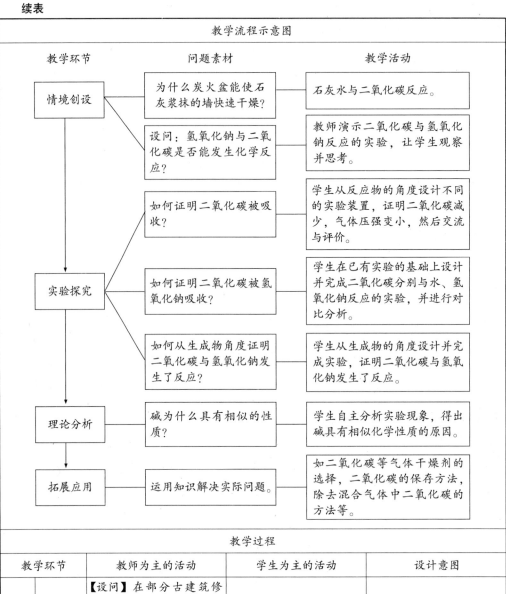

教学过程

教学环节		教师为主的活动	学生为主的活动	设计意图
情景创设	情境引入	【设问】在部分古建筑修复的过程中，为什么为了使用石灰浆抹的墙壁尽快干燥，常在室内放置炭火盆？为什么开始放炭火盆时墙壁反而更潮湿？	【回答】二氧化碳与氢氧化钙反应生成坚硬的碳酸钙和水。	从学生已有经验出发，引出新问题。
	初步实验	【提问】氢氧化钠能与二氧化碳反应吗？	【猜想】因为氢氧化钙能与二氧化碳反应，所以氢氧化钠也能与二氧化碳反应。 【实验】制取二氧化碳气体并通入氢氧化钠溶液中。	引导学生用对比的方法分析问题。
		【引导学生观察】导管口出现气泡，无其他明显现象。	【思考】是否发生了反应？	激发学生的探究欲和好奇心。

初 中化学教师专业能力必修 Chu Zhong Hua Xue Jiao Shi Zhuan Ye Neng Li Bi Xiu

实验探究	如何证明二氧化碳被吸收？	【提问】氢氧化钠是否与二氧化碳发生了反应？ 【指导】教师参与学生讨论，进行适当指导。	【讨论】 学生讨论认为，应当利用压强的变化设计实验。联想到前面学过的知识、实验和练习，学生想到以下方案： (略)。	学生借鉴之前学过的一些实验的设计思路和方法，根据反应后气体减少的现象，发挥创新思维，设计各种形式的实验装置，并进行简单的交流和评价。这体现了探究的开放性。
		充分肯定学生的实验设计。提供喷泉实验的装置图。	【交流与评价】各组汇报自己的实验设计和实验结果。 大家评价并分析喷泉实验可能出现的现象。	
		【实验】演示喷泉实验。	观察实验。	增强学生的学习兴趣。
	如何证明二氧化碳被氢氧化钠吸收？	【质疑】上述实验真的能说明发生反应了吗？实验设计严密吗？ 如何排除水的干扰？	【思考】还可能是二氧化碳与水的反应。 通过对比实验的方法，上述实验都需要设计对比实验，才显得比较严谨。 【实验探究】在两个充满二氧化碳的塑料瓶中分别加入等体积的水和氢氧化钠溶液，加氢氧化钠溶液的瓶子变得更瘪。 【得出结论】的确发生了反应。 【归纳方法】采用对比的方法，控制变量，排除干扰。	对学生进行控制变量、对比实验等科学方法的教育，培养学生的探究能力。这体现探究的严密性、深刻性。
		【设问】生成了什么物质？	【回答】碳酸钠和水。	
	如何从生成物角度证明二氧化碳与氢氧化钠发生了反应？	【引导】是否还有其他方法？ 【注意】不要立即实验，应先分析需要研究的问题，选择最佳实验方案。 【总结】研究一个问题可采取多种方法，同样的问题可以从不同角度分析。在探究之前一定要先设计实验方案，并选择最优方案实施。	【讨论】要证明氢氧化钠减少或者证明反应产生了碳酸钠，有的说用酚酞，有的说加盐酸。 【讨论并实验】各组在点滴板上观察碳酸钠溶液与酚酞的反应，发现碳酸钠也能使酚酞变红色，所以不能用这个方法。在试管里做氢氧化钠与盐酸反应的实验，没有气泡产生，可以用这个方法。 【演示实验】向氢氧化钠与二氧化碳反应后的生成物中加盐酸，出现气泡。写出反应的化学方程式。	培养学生从多角度分析问题、反思问题的学习习惯。 培养学生的目标意识和优选意识。 增强学生的学习兴趣。 对学生进行方法教育。

续表

理论分析	【提问】氢氧化钠也能与二氧化碳反应，为什么两种碱具有相似的化学性质？ 【结论】碱在溶液中都能解离出 OH^-。	【讨论】一定是在溶液中解离出了相同的离子。	引导学生尝试从物质的微观组成角度分析物质的性质，使其初步形成物质的组成决定物质的性质的观点，为后面学习酸碱中和反应作铺垫。
拓展应用	【提问】干燥二氧化碳气体能用什么干燥剂？如何保存氢氧化钠？为什么？如何除去混合气体中的二氧化碳？	【讨论】用浓硫酸；密封保存；空气中含有二氧化碳；将混合气体通过氢氧化钠溶液。	培养学生运用知识解决实际问题的能力。

3.1 教材内容和学生分析

3.1.1 教材内容分析

在教学设计过程中，对于教材内容的分析主要包括以下几个方面：

（1）识别教材内容的知识类型

初中化学教材中的内容，从基础知识和基本技能角度来划分，大致可分为化学基本概念、化学基础理论、元素与化合物、化学用语、化学计算和化学实验等类型。从《课程标准》中的一级主题来看，主要分为科学探究、身边的化学物质、物质构成的奥秘、物质的化学变化和化学与社会发展。不同类型的教学内容具有不同的特点，因此必须采用不同的教学策略和教学方法。认识和理解教材，首先要分析将要学习的教材内容属于哪一种知识类型。

（2）确定教材知识与技能的要点

一方面要分析这部分教材内容涉及哪些知识点和哪些技能，另一方面要分析在这部分内容的教学中，学生必须掌握的知识和技能有哪些，以及为了让学生掌握这些知识、技能而安排的背景材料、探究活动、例证或练习有哪些，并以此为切入点准确地找出教材内容的要点。

（3）分析教材内容之间的联系

首先要分析这部分教材内容的知识体系，其次要分析这部分教材内容与前后教材知识的联系，要特别重视分析要学习的内容和学生已学过的内容之间的联系。这样做可以使学生的学习建立在已有的知识基础之上，循序渐进、层次分明，有利于学生构建完整的知识体系。

（4）明确教材内容的地位和作用

也就是分析这部分内容在教材中的地位、作用和对学生后续学习的影响，以及对学生认知结构的构建、技能的掌握、思维的锻炼等的作用。

初中化学教师专业能力必修
Chu Zhong Hua Xue Jiao Shi Zhuan Ye Neng Li Bi Xiu

（5）知道教材内容的编排特点与呈现形式

即要分析教材内容的结构布局，以及以知识结构为框架呈现的为学生设计的科学认识过程和方法。

案例1　"质量守恒定律"内容分析

1. 本课题的内容属于《课程标准》一级主题"物质的化学变化"中的二级主题"质量守恒定律"的知识范畴。本课题的教学内容既有高度抽象性和概括性，也有严密的科学性和很强的逻辑性，是中学定量研究化学反应的开始，为提高学生的科学素养提供了很好的素材。

2. 通过对本课题的学习，学生能从定量角度来认识化学反应及其规律，能进一步认识化学变化的实质，从而为书写化学方程式及方程式的计算作铺垫，为解决实际生产、生活中与化学反应相关的问题打下坚实的基础，所以本课题内容是第五单元的基础，将对今后的化学学习起到至关重要的作用。

3. 本课题属于概念原理教学，可使学生通过探究活动，更好地理解质量守恒定律的含义，并通过交流、讨论学会用质量守恒定律解释日常生活中的化学现象。

案例2　"常见的碱"内容分析

1. 本课题的内容属于《课程标准》一级主题"身边的化学物质"中的二级主题"生活中的常见化合物"的知识范畴。

2. 本课题的内容在生产和生活中有许多实际应用，可以使学生更加深入地了解常见的碱的性质。

3. 在讲授本课题的过程中，可以和前面的知识点紧密联系起来，扩大学生的视野，为学生在实验中更好地发挥提供知识储备。

案例3　"爱护水资源"内容分析

淡水资源短缺和水污染已是当今人类所面临的重大生存问题，而且有越来越严重的趋势，引起了世界各国人民的关注。该课题围绕提高学生的节水意识，引导学生正确认识水资源的现状，共同解决淡水资源紧缺和水污染问题，保护我们赖以生存的地球这一主题设计了教学内容。本课题包括三部分，一是日趋减少的淡水资源，旨在进行国情教育，让学生了解我国淡水资源不足的现状；二是水污染及其防治，旨在让学生了解水污染是造成人类可利用的淡水资源减少的主要原因和防治污染的方法，加强水资源的保护意识；三是水资源的开发和利用，旨在让学生了解人类解决淡水资源危机的方法。教材主要通过短文和一些图片向学生展示了我国淡水资源危机产生的原因、水污染的危害和防治污染的措施及解决水污染的办法，这对于学生形成节水意识和水资源的保护意识能够起到重要促进作用，充分体现了STS的教育理念。

这三个案例中的教材内容分析使我们对"质量守恒定律""常见的碱""爱护水资源"所属的知识类型、知识与技能的要点及其在教材中的地位和作用、教材内容之间的联系一目了然。

3.1.2　学生分析

（1）分析学生的知识和技能起点

学生的知识和技能起点是指学生学习新知识、新技能所必须具备的知识和技能。学生的学习过程是新旧知识与技能相互作用的过程。教师可以通过教学过程中的摸底测验、与学生个别谈话、学习情况座谈、问卷调查等方式诊断学生的前期错误概念，了解学生原有的认知结构是否合理，明确学生已有知识与新讲授内容之间的逻辑关系。

（2）了解学生的情感、态度与价值观

情感、态度与价值观是教学目标的一个重要方面。了解学生对所学内容的态度及相关情感因素，对选择教学内容、确定教学方法、合理制订教学目标都有着重要的作用。学生的学习态度很难测量，但我们可以通过问卷调查、观察等方法加以了解。

（3）分析学生认知方式的差异

初中生处于抽象逻辑思维的起始阶段，他们能通过假设展开思维，具备一定的预估能力，基本实现了思维的形式化，对思维的过程具有较强的监控能力，且其思维的求异性较强。

案例1　"金属的化学性质"学生分析

1. 学生的知识基础、认识水平和生活经验

知识基础：学生已知道氧气和镁、铁、铜、金等金属反应，均产生金属氧化物，但是反应条件和反应的剧烈程度不同；知道铁、锌遇盐酸能够产生适宜收集的、平稳的氢气流，将铁浸入硫酸铜溶液中可得到硫酸亚铁和铜。

认识水平：学生已经掌握了氧气、水、碳单质、二氧化碳和一氧化碳等重要物质的化学性质。

生活经验：生活中经常接触铝、铁、铜等金属制品，例如炊具、电线、劳动工具、交通工具等；听说过"冶金"，知道金属保存不当容易生锈等。

2. 学生学习过程中可能出现的问题及应对策略

学生对金属的活动性顺序表记忆机械，认识浅显；在学习酸碱盐的过程中，不能灵活运用金属活动性顺序表。

因此要注重加强学生对知识的形成过程的理解，突出主体探究、合作学习的方式，强调金属活动性的判断依据，注重学生对探寻金属的活动性顺序确定的过程的体验；在实际测定几种常见金属的活动性的活动中，可由学生实施实验探究，让他们自己得出常见金属的活动性顺序，在应用中加深理解，体会金属的活动性的实际价值；引导学生较系统地认识常见金属的化学性质、金属资源的利用和保护。只有掌握基本方法，学生才能更加全面地认识我们身边的物质世界，才能自觉地关注身边的化学现象，并运用所学的化学知识去解释简单的化学现象。

案例2　"生活中的碱"学生分析

在本单元教学前，教师对学生进行了调查，内容包括三个方面：1. 学生对碱的认

识程度；2. 是否清楚对照实验的作用；3. 如何看待实验时排放 SO_2。

调查内容	结果统计
学生对碱的认识程度	关于生活中的碱，77％的学生仅知道水碱、面碱。 □ 仅知道水碱、面碱 ■ 知道其他碱
是否清楚对照实验的作用	关于对照实验，只有21％的学生知道如何做对照实验。 □ 知道 ■ 不知道
如何看待实验时排放 SO_2	关于燃烧产生的二氧化硫，仅有26％的学生认识到实验时 SO_2 的排放会污染空气。 □ 是污染 ■ 不是污染

在这两个案例中，教师虽然采用了不同的学生分析方式，但目的是一致的，即关注学生的知识起点、方法起点和情感起点，为合理制订教学目标奠定基础。

3.2 教学目标和重点、难点的确定

3.2.1 教学目标的确定

教学目标是预期学生通过单元或课时教学活动获得的学习结果，它规定了通过具体教学过程学生应学会什么，是教学活动的出发点和归宿。在教学活动中，适当的教学目标，有助于教师合理地选择教学内容、设计教学策略、指导学生学习并进行教学测量和评价。

（1）根据化学课程目标体系确定教学目标

对初中生在学习中需要掌握的知识，《课程标准》作出了概括的描述和明确的界定。在《课程标准》的内容标准中，每个一级主题以及下属的二级主题的标准都是针对相关内容的学习目标，这为化学教学目标的确定提供了理论和操作依据。因此在进行教学目标设计时，要以《课程标准》中的课程目标和内容标准为基础，从促进学生科学素养全面提高的角度出发，以知识与技能、过程与方法以及情感、态度与价值观三个维度为基础来制订教学目标。

（2）根据教材内容确定单元或课时教学目标

教学目标的设计要结合具体的教学内容，正确把握教学目标的类型，如认知型、情感型等，以增强教学目标的针对性。

在日常教学中，教师设计的一般是课时教学目标，但只有课时目标往往会导致教学缺少统筹安排，顾此失彼。因此，新课程倡导的是单元整体式教学目标设计。

（3）根据学生的知识基础和学习阶段确定教学目标

教学目标应该是在学生已有学习准备的基础上，经过学生的努力能够达到的目标。由于不同学生所处的学习阶段不同，同一类型知识在不同教学阶段所对应的教学目标也不相同，因此，教师必须根据教材要求和学生的学习情况，合理定位教学目标。

案例1　"金属的物理性质"教学目标设计

教学目标：

（一）知识与技能

1. 了解常见金属的物理性质；

2. 知道金属物理性质的共性与特性；

3. 了解物质的结构和物理性质的关系。

（二）过程与方法

1. 通过绘制金属思维导图，感知物质研究角度的灵活性；

2. 通过对比、归纳和类推，深刻理解探究金属物理性质的过程，体会归纳法在研究一类物质时的重要作用。

（三）情感、态度与价值观

1. 通过绘制思维导图、活动评价、实验举证等多样化的教学活动，提高学习兴趣；

2. 在小组讨论中，培养积极参与、互助合作的意识，提高沟通与交流能力；

3. 从独立研究物质过渡到归类研究物质，感受科学研究方法的重要性；

4. 体会归纳金属颜色和密度特性的过程，感受化学科学的严谨性。

案例2　"常见的碱"教学目标设计

教学目标：

（一）知识与技能

1. 认识常见的碱——氢氧化钠和氢氧化钙；

2. 了解碱的化学性质；

3. 认识氢氧化钠的特性。

（二）过程与方法

1. 依据已学知识进行合理类推与假设；

2. 初步具备探究的意识和能力。

（三）情感、态度与价值观

1. 关注与本课题内容有关的社会问题，保持和增强对化学的好奇心和探究欲；

2. 通过设计并实施二氧化碳与氢氧化钠溶液反应的实验方案，体会合作学习的乐趣，树立严谨的科学探究意识。

可以看出，这两个教学目标的确定是以提高学生的科学素养为宗旨的，教师确立了知识与技能、过程与方法以及情感、态度与价值观三维一体的教学目标，体现了化学教育从知识本位向以人为本的教学理念的转变。它带给我们的启示是：教学不但要关注学生学习什么，还要关注学生要经历怎样的学习过程，并在过程体验中掌握一定的学习方法和学科思想，产生积极的情感，形成正确的价值观。

3.2.2 教学目标的陈述

（1）当前教学目标陈述中存在的问题

案例1 "质量守恒定律"教学目标

（一）知识与技能

1. 理解质量守恒定律，能够说明化学反应中的质量关系；

2. 从微观角度认识在化学反应中及反应前后原子的种类、数目和质量没有改变；

3. 通过实验探究，培养学生的动手实践能力和观察能力。

（二）过程与方法

1. 培养学生通过实验进行定量研究和分析问题的能力；

2. 培养学生的逻辑推理能力，使学生掌握研究化学问题的基本思路。

（三）情感、态度与价值观

1. 培养学生勇于探索、严谨求实的科学态度；

2. 对学生进行透过现象认识事物本质的辩证唯物主义教育。

这个教学目标的陈述代表了目前许多教学设计中有关目标的陈述形式，其主要问题在于：

①行为主体矛盾或不一致

如"培养学生……"等，把教师作为教学目标的行为主体，而教学目标的真正行为主体应该是学生，因此，尽管"学生"二字不出现，它仍然应是隐含的主体。

②方法与情感目标过于笼统

在描述过程与方法以及情感、态度与价值观这两维目标时，显得过于空泛和宏观，似乎放在任何一节课中都适用，因此不能让人感受到这节课的教育价值，教师的教学行为缺乏针对性，教学目标的落实将大打折扣。在设计目标时，要尽可能挖掘并结合教材知识，考虑在某个教学环节中达到某个具体目标。

③教学目标流于形式

该教师制订的教学目标，看起来很全面，但教学过程中随意性大。这样的教学目标在教学过程中很难发挥作用，将导致课堂教学实践与教学目标的脱节。

91

④对方法目标认识不清

一些教师不知道什么是"过程与方法"，误以为教学环节、教学方法和教学过程就是"过程与方法"。有的教师在课堂上实施了高质量的过程与方法的教学，但在教学目标中却不能恰当地描述。

（2）教学目标的四要素

①主体

主体说明了教学的对象是谁。化学教学目标的行为主体必须是学生，而不是教师。

②行为

行为即通过学习，学生能做什么，或是有什么心理感受或体验。明确地表述教学目标需要恰当的行为动词，以使教学目标能清晰地表明预期的外显行为。一般用能够外观和测量的行为动词来描述学生所形成的可观察、可测量的具体行为，如用"写出""辨别""认出""解释""了解""掌握""知道"等词语来表述知识与技能维度的结果性目标，用难以测量的表示内在意识或心理状态的动词如关注、感受、领会、体验等来表述过程与方法以及情感、态度与价值观维度的体验性目标。类似"明确研究化学问题的一般方法""体会学习化学的方法""激发学生学习化学的兴趣""培养学生的好奇心和求知欲""能运用化学方法解决简单的实际问题""激发社会责任感和使命感"的目标含糊不清，针对性不强，可操作性差。

③条件

条件是指影响学生学习结果的特定的限制或范围，主要说明学生在何种情况下完成指定的目标。条件的表述包含以下因素：环境因素（如地点）、人的因素（如个人独立完成，还是在教师指导下完成）、设备因素（如借助工具，使用特殊设备）、信息因素（如无需帮助，使用手册，上网查找资料）、完成行为的情境（如课堂讨论，实验探究）。

④标准

标准是指目标完成的最低表现水平，多用来测量学习表现或学习结果所达到的程度。除了用行为动词来体现差异性外，还可以用其他方式表明所有学生的学习程度。行为标准的说明可以是定量的，也可以是定性的，也可以二者都有，一般为三类：完成行为的时间限制，如"一分钟内完成"；准确性，即正确操作；成功的特征。

下面是几个较为规范的课时教学目标。

案例2 "燃烧与灭火"教学目标

（一）知识与技能

1. 熟悉氧气的化学性质实验，加深对氧气性质的理解；

2. 能说出燃烧的条件与灭火的原理；

3. 掌握药品的取用、给物质加热等基本操作程序。

初

中化学教师专业能力必修

Chu Zhong Hua Xue Jiao Shi Zhuan Ye Neng Li Bi Xiu

（二）过程与方法

1. 在源于教材的实验拓展中，能有效分析实验的控制条件与操作步骤；

2. 学会辩证地考虑问题，能联系生活、生产实际，学以致用。

（三）情感、态度与价值观

通过实验的展示，进一步增强学习化学的信心，体会化学知识的价值。

评析：该教学目标设计将行为主体定位为学生。过程与方法以及情感、态度与价值观这两维目标在表述中也明确显示出了载体，即"在源于教材的实验拓展中""通过实验的展示"，这样就使得这两维目标的落实有据可依。

案例3 "两类重要反应的复习"教学目标

（一）知识与技能

1. 复习置换反应和复分解反应的定义、反应条件及其应用；

2. 掌握实验方案的评价方法。

（二）过程与方法

1. 通过收集材料、调查讨论、实验操作等途径，掌握收集、筛选、归纳、分析信息的方法；

2. 通过食盐与碱面的鉴别实验，体验科学探究的过程，掌握科学的探究方法；

3. 通过实际问题的提出与解决，学会从化学角度认识生活。

（三）情感、态度与价值观

1. 通过引入生活的实例，养成理论联系实际的学习态度，能够将知识应用于生活中；

2. 通过食盐与碱面鉴别实验的设计及实施，初步养成善于与他人交流、分享、合作的习惯。

评析：很多教师在复习课中都只关注学生知识的掌握，而忽略了过程与方法和情感、态度与价值观的教育。在本案例中，"通过收集材料、调查讨论、实验操作""通过食盐与碱面的鉴别实验""通过实际问题的提出与解决""通过引入生活的实例"等方法，使我们看到该教师不仅关注到了这两维目标，而且使得教学目标的落实真正与教学过程紧密结合在了一起。

案例4 "气体的制备与装置设计"教学目标

（一）知识与技能

1. 通过复习、讨论，进一步加深对常见气体实验室制法的反应原理的理解；

2. 在教师指导下，通过生生间、师生间的讨论与交流，依据自己已有的知识，对常见气体制备所需的仪器、装置的连接、操作方法等作出正确选择；

3. 通过常见气体制取、洗涤、干燥等知识的复习，初步掌握基本的化学实验技能，并能设计完成一些简单的化学实验。

（二）过程与方法

1. 根据反应原理，找出常见气体发生装置所需仪器的选择、连接的规则与方法；

2. 依据常见气体的性质提出净化、干燥、收集等步骤的设计思路；

3. 与同学、教师进行互动交流，对有关知识进行对比和归纳，逐步形成良好的学习习惯。

（三）情感、态度和价值观

1. 由复习实验室常见气体制法得出制备某种纯净、干燥气体的设计思路，保持好奇心和探究欲，提高学习化学的兴趣；

2. 能在教师的指导下，通过与他人的讨论，对自己的学习活动进一步反思，形成善于合作、勤于思考、严谨求实的科学精神；

3. 通过尾气处理知识的学习，逐步养成珍惜资源、爱护环境的意识。

评析：该教学目标的设计紧紧围绕着本节课的课题"气体的制备与装置设计"，并且对学习本节课内容之后要达到的目标做了清晰的描述，如"作出正确选择""提出……设计思路"等，为本节课的教学在操作环节上提出了具体的要求，更具可行性。

3.2.3 教学重点、难点的确定

教学重点通常包含以下几个方面：

（1）教材中的基本概念、基本理论、物质的化学性质以及基本方法与技能；

（2）学生自发产生的不科学的概念的纠正；

（3）起重要作用的实验等。

确定教学重点的方法：

（1）分析《课程标准》和教材，即在找出知识点的基础上，按上述三个方面确定教学重点。

（2）教师要熟悉中考试题。中考试题是专家多年来对初中化学各个方面研究的成果，它不仅是考试的指挥棒，教师要更多地看到试题背后对知识与技能、科学方法、思想观念等的要求。

（3）通过教研组共同研讨，准确把握教材知识的结构、关键内容和处理方法。

教学难点通常包含以下几个方面：

（1）缺少基础的知识，如化合价等；

（2）过于抽象的知识，如分子和原子等；

（3）易混淆的知识，如元素和原子等；

（4）环境因素，主要是指由于不同班级的学生水平不同，在 A 班不成问题的知识点而在 B 班就变成了难点。

确定教学难点的方法主要是分析学生的实际情况和利用教学经验的积累。

教学中，教学重点很可能是教学难点，但教学难点不一定是教学重点。例如：

初 Chu Zhong Hua Xue Jiao Shi Zhuan Ye Neng Li Bi Xiu 中化学教师专业能力必修

案例1 "常见的碱"的教学重点和难点

教学重点：

认识常见的碱，了解碱的性质。

教学难点：

实验探究氢氧化钠溶液与二氧化碳的反应。

案例2 "质量守恒定律"的教学重点和难点

教学重点：

理解质量守恒定律的含义，会用质量守恒定律解释日常生活中常见的化学现象。

教学难点：

质量守恒定律的微观解释。

3.3 教学方法及教学媒体的选择

3.3.1 教学方法的选择

教学方法是教师将教材内容有效地传授给学生的保证，它往往受教育思想和教育教学理论、教学内容、学生心理和生理特点、教学媒体、教师教学风格和授课时间的制约。教学方法有多种，但没有通用的方法，"教学有法，教无定法"其实就是这个道理。为实现教学方法的最优化，常常需要在教育教学理论的指导下，对常用的接受式教学、合作式教学、探究式教学、自主式教学等教学方法进行优化组合，发挥各种方法的长处和优势。

通常情况下，物质的物理性质、化学性质等知识的教学常常采用实验探究法，以培养学生设计实验方案、观察实验现象、动手操作、分析并得出实验结论的能力；而化学方程式的计算等知识的教学一般采用讲授、讨论、自学等方法，以培养学生的推理能力、演绎能力和抽象思维能力。

教学方法作为保证教学过程质量的重要工具，在教学设计过程中是不容忽视的。精心设计了教学内容、充分了解了学生，但忽视了教法的选择，教学活动仍然是不完美的，甚至会因为教学方法选择得不恰当，而使得之前的努力付诸东流。只有教学方法使用得当，才能保证将教师对学生特点的掌握及对教材的精准分析功力体现出来，才能准确而高效地把教材的信息传递给学生。

案例1 "质量守恒定律"教学方法——实验探究法

《课程标准》要求初中化学以提高学生的科学素养为宗旨。结合本课教学内容和学生的特点，我确定了以实验探究为主线，辅之以交流、讨论、分析、归纳的教学方法，目的是培养学生勤于动手、善于观察、善于思考的能力，力求使学生通过探究活动，理解质量守恒定律的含义，并通过交流与讨论学会用质量守恒定律解释日常生活中常见的化学现象，以突出本课的重点。多种方法的互相穿插与渗透，可以让课堂变得生动有趣，使课堂教学达到最佳效果。具体探究过程如下：

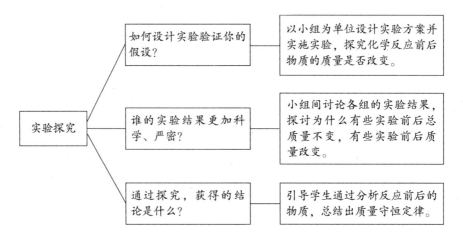

案例2 "水资源的开发、利用和保护"教学方法——小组合作讨论法

在课前以小组合作的方式,学生通过查阅文献、整理资料、在教室布置与水资源有关的墙报等方式,营造了一种"保护水资源,节约水资源"的学习氛围;课堂上,各小组围绕水的用途、我国水资源的现状、居住地的水资源状况、水污染的状况和防治、水的科学开源、如何节约用水等发表了看法,进行了充分交流。在这个过程中,教师就水资源的开发和保护加以引导和延伸,并注重利用现代信息技术在课堂教学中的特有功能,激发学生的学习兴趣和自主学习的潜力,促使学生树立节约用水、爱护水资源的意识,为构建节约型社会贡献自己的力量。教学流程如下:

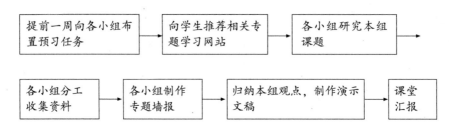

在案例2中,小组合作学习发挥了重要的作用。在教师的指导下,学生的主动性、创造性得以充分发挥。这有助于帮助学生对所学的知识进行深入理解,能提高学生的观察、实验、表达能力,培养其可持续发展的学习能力。

3.3.2 教学媒体的选择

教学媒体是教师在教学过程中为培养学生而采用的承载信息、传递经验的手段和工具。教学媒体的选择和利用也是教学设计中的一个重要环节。

(1)教学媒体的分类

按照人与外部接触的不同器官来划分,可分为视觉媒体、听觉媒体、视听结合的综合媒体。

按照物理形态来划分,可分为印刷媒体(教材、练习册、报刊)、光学媒体(投影仪、幻灯机)、音响媒体(电视、录影机、教学软件)、综合媒体(计算机及相应的教学软件、视听室)。

网络时代的新媒体：多媒体、超文本、超媒体、虚拟实验室等。

（2）教学媒体选择的依据

在教学过程中选择何种教学媒体要考虑以下几个因素：

①教学目标

对于技能训练类的目标，首选教学媒体是实验仪器。如让学生掌握氧气的制法及其操作步骤，选择的媒体应该是试管等相关的实验仪器，以方便学生动手操作练习。教师应给予必要的指导，及时提供操作正误的反馈，帮助学生掌握相应的技能。对于认知类的教学目标，可选择印刷材料、图片、动画等媒体展开教学。

②教师因素

教学媒体的设计者、使用者是教师，教师对媒体的特性和媒体在教学中作用的认识，以及教师对媒体使用的熟练程度等，都将直接影响最终的选择。

③学生因素

学生的年龄、知识背景、认知风格、学习态度等对教学媒体的选择也有很大影响。如对于初三的学生和高中生，对于城市中学和农村中学的学生，在教学媒体选择方面应有不同的侧重。

④学校的条件

学校的硬件设施对教学媒体的选择有很大的制约，如有的学校的实验室无法满足教学的需要，缺少实验经费；有的学校虽然安装了计算机，但没有大屏幕等配套设施。在这种情况下教师选择教学媒体的空间就比较小。

⑤人为因素

学校领导和教师本人的教学思想、教育理念等也会影响教学媒体的选择，如有的学校为了片面追求升学率，或是为了减少学校的经费开支，尽量不开或少开实验课。

（3）教学媒体的使用

①教学语言

教学语言是教师传授知识、与学生进行沟通的桥梁，运用得好，可使教学取得事半功倍的效果。在课堂教学过程中，首先，在知识传授上，教师必须表达准确，逻辑性强，不能犯科学性错误。其次，要吐字清晰、形象生动，让学生易于接受和认可。第三，教学语言要带些幽默，感染学生，这样才能使学生积极投入学习中来。教学语言的得体与否直接影响着学生的学习效果。第四，要有良好的语言表达技巧，争取用自己特有的语言技巧获取最好的教学效果。

②教学板书

板书是一节课主要内容的浓缩，是对一节课的内容进行的"简笔画"式勾勒，其作用主要是使学生通过对板书的观察和回顾，对本节课的内容有整体的把握，从而对所学内容进行全面的梳理。因而教师必须重视板书的设计和书写。其基本要求是简要工整、布局合理、脉络清晰。板书的版式有很多种，但不管是哪种版式，关键是能否给人以启发，能否给人以一种简洁的美感。

案例 1 "金属的化学性质"板书设计

金属的化学性质：

1. 大多数金属与非金属单质（氧气）的反应；

2. 大多数金属与盐酸或稀硫酸的反应；

3. 金属与某些化合物溶液的反应。

该板书设计总结了本节课所讲的知识要点。

案例 2 "燃烧与灭火"板书设计

一、燃烧的条件

同时存在 {
1. 可燃物
2. 有充足的氧气
3. 温度达到着火点
}

二、灭火原理

1. 清除可燃物或使可燃物与其他物品隔离；

2. 隔绝空气；

3. 将温度降至着火点以下。

三、注意

1. 燃烧不一定有氧气；

2. 燃烧不一定有火焰。

该板书设计向学生展示了本节课所学内容的框架。

案例 3 "原子的构成"板书设计

一、原子的结构

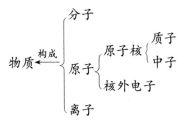

道尔顿　实心球

汤姆森　原子可分

卢瑟福　原子有核

该板书设计的呈现方式突出了知识与技能、过程与方法以及情感、态度与价值观三条线索的有机整合。

③现代信息技术

时代在不断进步，教学媒体也日益丰富。教学媒体使用的基本要求是合理、规范、高效。教师在使用现代教学媒体辅助教学时，必须根据教学需要合理利用，尽可能发挥信息技术的作用，在操作时力求规范、高效。

案例4 "重要的碱——氢氧化钠"多媒体设计

本课的电教多媒体课件主要用途是为教师的授课起辅助作用，其中一个主要的环节是引导学生根据酸的5点化学性质，对氢氧化钠的化学性质进行假设。其中酸的性质已经学习过了，所以它们之间的关系为实线箭头，氢氧化钠的性质在验证前只是假设与猜想，所以以虚线箭头表示。经过实验验证后，再把已验证的化学性质变为实线箭头，表示假设是成立的。另一环节是利用此课件帮助学生总结氢氧化钠的相关性质，并在总结过程中以动画的形式体现氢氧化钠与非金属氧化物、酸、盐反应方程式的书写规律，帮助学生掌握这一难点。

操作说明：

1. 进入主画面（屏幕菜单）后点击（鼠标左键，下同）"复习引入"进入引入单元。点击相应的物质化学式的中心后，酸会变为红色，碱会变为蓝色（取石蕊在酸与碱中的不同颜色之意），盐不变色，以此区分。此时可引入今天学习的内容"重要的碱——氢氧化钠"，点击屏幕下边的"总结"按钮，出现本课板书，然后可引导学生观察、总结氢氧化钠的物理性质。（因为客观原因，黑板无法板书，于是将板书放入课件中）

2. 总结物理性质后，点击屏幕下方的"猜想"按钮，进入化学性质猜想环节。（1）复习酸的5点化学性质。根据图例一点击盐酸化学式周围5个实线箭头的虚线框位置，会出现相应的性质。如果找不到准确位置，可以按键盘上的数字键。（2）根据盐酸的化学性质猜想氢氧化钠的化学性质，点击屏幕空白位置出现氢氧化钠的化学式。根据图例二点击氢氧化钠周围5个虚线箭头的虚线框位置，会出现相应的性质，如果找不到准确位置，可以按键盘上的字母键。（3）点击屏幕空白位置，将氢氧化钠的性质移到中心，进行实验设计、操作验证并总结。点击被验证的性质的虚线中心，虚线会变为实线，表示此猜想成立。（4）点击"总结"按钮，进入板书化学性质总结环节。

3. 点击屏幕空白位置，依次出现氢氧化钠的化学性质。点击"与非金属氧化物的反应"处，帮助学生理解 $NaOH$ 与 CO_2 的反应可以看作两次反应的总反应，便于学生记忆。当出现"与酸反应"的性质时，屏幕右下角会出现一个绿色的播放按钮，此时点击此按钮，会出现酸与碱反应的方程式书写规律演示，且可以重复观看。方程式完全呈现后，点击屏幕空白位置出现"与盐反应的性质"，此时点击绿色播放按钮演示氢氧化钠与盐反应的方程式书写规律。方程式完全呈现后，点击屏幕空白位置，完成板书，然后点击"练习"按钮进入练习环节。

4. 点击屏幕空白位置出现第1题的相应答案，继续点击依次出现第2、3题，这些习题在学生的随堂资料上也有。完成练习后，再次点击"总结"按钮回到氢氧化钠的化学性质关系图，进行本课小结。最后点击"作业"按钮出示本课作业。

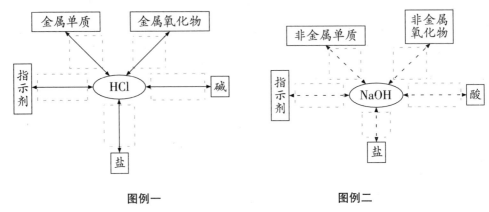

图例一　　　　　　　　　　　　　　图例二

④化学实验

化学是一门以实验为基础的科学。在化学教学过程中，许多概念、原理、规律都是从实验得来并最终由实验加以论证的。可以说，化学实验是化学教学的基础，是学生学习化学知识、掌握技能的重要方法。演示实验，是通过实验演示引发学生的观察与思考，从而认识物质的性质及变化规律的一种教学方法。精心设计、合理布局的演示实验具有高度的艺术性，是化学教学设计的重要组成部分。

教师要合理选择演示实验，课前充分准备，合理设计实验装置，力求操作的规范与熟练，使演示实验与教学内容结合紧密；注意发挥实验的教育功能，启迪学生的思维，培养学生的实验能力、科学态度和创新意识。

在实验过程中，教师要注意实验操作的规范性、实验结果的准确性以及实验过程的全局性。

另外，教师要为学生提供开展实验探究活动所必需的各种学习条件和学习资源，使学生的探究活动能够正常开展；设计的实验探究活动内容要与学生的实际水平相符，活动中要及时给予学生指导和帮助。

3.4　教学活动设计

3.4.1　教学活动的一般过程

教学活动即教学过程中的师生双边活动。从学这个侧面来说，教学活动属于学生的学习活动，主要包括认知活动和情感活动，它遵循人类学习过程的认知规律。从教这个侧面来说，它属于教师的教学活动，是一种影响学习活动的外部条件或外因。当教学活动的设计符合学生学习的内在规律时，就能有效地促进学习。一般说来，化学学习活动过程分为发动—定向、感知—预备、加工—形成、联系—巩固、应用—发展和检查—调控等阶段。当学习内容、学习情境不同时，各阶段的具体活动内容也有所不同。

化学教学活动设计要重视以下几点：（1）要体现现代教育理念，发挥教师的主导作用，突出学生的主体地位；（2）要根据学生的学习特点和认知规律设计教学活动；（3）要根据教学目标的性质设计相应的教学活动；（4）一节课中的教学活动应灵活多

初 中化学教师专业能力必修

Chu Zhong Hua Xue Jiao Shi Zhuan Ye Neng Li Bi Xiu

样，突出重点，努力实现教学过程的最优化。

例如，在学习金属的性质之前，我们研究的是单一物质的性质，而金属的性质这部分内容着重研究的是一类物质的性质。因此在这部分教学中，为了突出研究一类物质的方法这一主题，教师作了如下教学活动设计：

案例1 "金属的化学性质"教学活动设计

教学活动设计			
教学环节	教学活动		素材
	教师活动	学生活动	
环节一 从已知的事实出发归纳金属的化学性质	分析有金属单质参加的化学反应。	思考并写在学案上。	思维导图引入
	将这些反应进行分类。	讨论并回答。	学案
	归纳金属的化学性质。	思考并回答。	
环节二 深入探究，认识金属化学性质的共性和差异 环节三 从微观角度解释金属的性质存在共性和差异的原因	常见的金属都能与非金属单质（如氧气）反应吗？展示金属钠在空气中放置的视频。	归纳得出大多数金属与氧气的反应规律，但反应的难易程度和条件不同。	PPT展示 视频录像
	常见金属都能与酸（盐酸或稀硫酸）反应吗？不同的金属与酸反应的剧烈程度相同吗？根据反应现象，能否对金属进行活动性排序？	设计实验并讨论。得出结论，根据金属能否与盐酸或稀硫酸反应及反应的剧烈程度判断金属的活动性顺序。	学生实验
	金属与金属化合物溶液反应有什么规律？设计实验验证自己的猜想。	类比金属与酸的反应思考，总结规律，提出方案，验证猜想，得出活动性强的金属能把活动性弱的金属从它的化合物溶液中置换出来的规律。	PPT展示 教师演示实验
	从原子结构的角度分析金属的性质存在共性和差异的原因。	探讨金属的原子结构，分析异同，知道物质的结构决定性质。	PPT展示：常见金属原子结构示意图
环节四 金属化学性质的应用	引导学生思考金属活动性顺序的实际应用。	思考并设计实验。	PPT展示

由此可见，应坚持以问题为纽带，以知识的再发现过程和学生思维的深入过程为主线，以师生合作互动、多向信息传递、多种感官协调活动为基本方式，设计出具有驱动性、诱发性、可生成性特点的教学活动。

3.4.2 教学活动的结构化设计

教学过程是通过一系列的教学活动来完成的。在一个单元或一节课中，应该整体设计结构化的教学活动，按最优化的原则合理安排学生的学习进程。

对于结构化的教学活动，可以这样理解：

（1）不同类型、水平的知识需要不同的教学方式和活动。

（2）活动必须是有效的，内容的选择应从学生实际水平出发，活动内容应真正触及学生认识中有待解决的问题，活动过程应和学生的认识真正发生作用。

（3）活动和活动之间要有明确的内在联系，用知识结构统领教学过程，根据学生的困惑来建构学生的认知结构。

（4）活动与活动之间是相互关联和影响的。从上一个活动到下一个活动，学生认知、情感的发展脉络应是连续的，并且是不断递进的过程。

案例 1 "两类重要反应的复习"教学活动设计

置换反应和复分解反应集中体现了酸、碱、盐、金属的化学性质，是中考考查的重点之一。一些学生对这部分内容易混淆，不会实际运用。教师要努力创设生活情境，使学生在熟悉的生活背景中进行学习，这样既能让学生巩固所学内容，又能引导学生学以致用，提高其适应能力。

初三学生经过近一年的学习，已具备了一定的解决实际化学问题的能力。他们的表现欲非常强烈，不喜欢满堂灌，而是希望教师给他们发表见解和展示自己的机会。因此，本节课的教学拟用生活知识来创设教学情境，通过小组讨论、实验探究、上网查询、调查访问等多种方式给予学生施展才能的机会，以完成对这两类重要反应的复习。

基于以上分析，教师设计了如下教学任务：

1. 以"假元宝案"复习金属与稀酸的反应条件；

2. 以铜离子的转化、显影废液的处理为例，复习置换反应的定义、金属与盐溶液的反应条件；

3. 以食盐与碱面的鉴别复习复分解反应的定义，以及酸与盐、盐与碱、盐与盐反应的条件；

4. 以钡离子中毒与解毒为例复习中和反应的定义。

为完成这些教学任务，教师具体设计了如下教学活动：

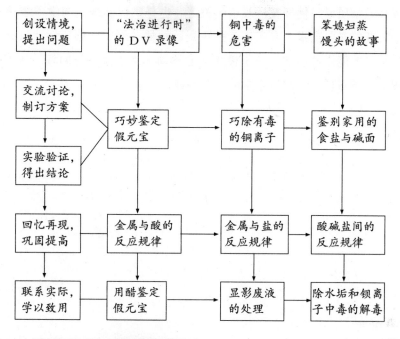

案例2　"燃烧与灭火"教学活动设计

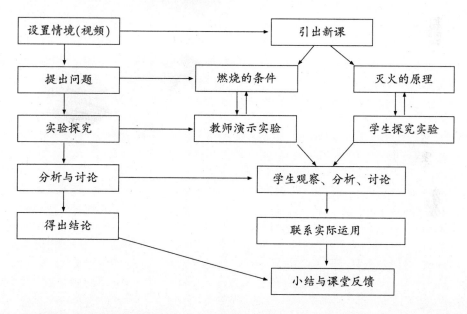

　　化学教学活动设计需要考虑如何将知识的逻辑结构与学生的认知结构有机地结合起来，并运用恰当的教学方法与手段、适当的教学组织形式，引导学生合理建构知识体系，培养学生理论联系实际的能力。

　　教学活动是一个动态的、充满了复杂性和不确定性的过程，其间会遇到各种问题和突发事件。再高明的教学设计专家，也难以事先预料互动场景中将要发生的一切。所以从本质上看，初中化学教学设计是一种教学问题求解，并侧重于问题求解中方案的寻找和决策的过程。因此，教师应该成为教学的设计者和开发者，成为教学设计专家，这是提高教学质量、搞好教学改革的关键，也是确保实现面向学习者进行化学教学设计这一转变的必要前提。要实现这种转变，教师必须发挥创造性。只有不断地进行研究与创新，才能设计出学生易于接受并能调动学生积极参与的教学方式，从而为学生创造良好的学习环境，激发学生的学习兴趣。

专题二　初中化学教学过程

1. 初中化学教学过程与教学设计

优化的教学设计必须通过优化的课堂教学实施过程才能发挥其效能。教学过程是教学设计的展开过程，无论多么完善的教学设计，当其进入真实的课堂教学实施环节时，都会遇到和生成许多新问题。为了促进学生主动学习和全面发展，教师在教学过程中就不能拘泥于教学设计，被教学设计束缚了手脚，而应该充分考虑学生的需求，在对教学过程中发生的各种变化综合把握的基础上，作出正确的判断并采取有效的措施。同时，课堂教学不是教学设计的终点，教学后的反思能够使教师发现教学设计及其在实施过程中存在的问题并寻求解决办法。教学反思有助于提高教师的教学能力，促进教师的专业化发展。

1.1　对教学过程的理解

教学过程是教学设计的展开过程。是严格执行既定的教学设计方案，还是根据教学情境的变化不断调整预设的教学设计方案，反映了两种不同的教学观，也会产生不同的课堂教学效果。传统教育存在的突出问题是把课堂教学过程变成了僵硬地、教条地执行教学设计方案的过程，最理想的教学进程是按部就班地完成教案，教师期望的是学生按教案设想作出回答，教师的任务在于引导学生，直至得出预定答案，很少去顾及学生的想法、体验等。这种做法实质上是以教代学，即教师以自己的教学思路去"引导"学生进入教学设计，用自己的思维代替学生的思维，忽视了学生的主体地位，因此课堂上没有真正的互动与交往，学生在教学过程中实际扮演着配合教师完成教学设计的角色。这样的课堂教学，过分拘泥于预先设定的固定不变的程式，从根本上否定了师生互动中的即兴创造，限制了师生对既定目标的超越，忽视了学生学习主体性的发挥；课堂教学变得机械、沉闷和程式化，缺乏生机、乐趣与挑战以及对学生好奇心的刺激；教学设计成了铁定的限制教师与学生探索、创造的框子，教学过程变成了一部照本上演的"教案剧"。这必然会影响到教学目标的实现和学生的全面发展。

当我们站在生命的高度，用动态生成的观点来看待课堂教学时，就会发现，学生不是被动接受的个体，而是具有独立思维和生命尊严的课堂教学活动的积极参与者，他们会随时产生各种新奇的想法，不断反思和调节自己的学习活动；学生的学习过程涌动着蓬勃的探究生机，它是学生建构外在信息的个人意义的过程；教师不再是照本宣科的表演者，而是激发学生学习动机、挖掘学生学习潜力、创造性地开展教学活动的课堂教学组织者；课堂教学充满了生机盎然的探究气息，课堂成为师生情感交流、共同成长与进步的舞台。

1.2　教学过程——动态地实施教学设计

教学本质上是师生以教材为载体展开对话、互相交往的过程。学生在教学过程中会不断产生新的学习需要，课堂上会出现各种问题，有些问题可能是教师通过课前认真分析能预料到的，而很多问题却是意料之外的。面对教学过程的未知性和生长性，事先的教学设计只能对课堂教学进行一种大体的规划，形成一种富有弹性的教学方案，而不可能对课堂情境进行面面俱到的预设。正是因为教学设计中弹性因素和不确定性的存在，课堂教学实践中学生的主动参与、师生的积极互动、课程资源的不断生成才成为可能。因此在教学过程中，不能只是机械地执行既定方案，应该树立一种"活资源"的意识，即把学生看作教学资源的重要组成要素和生成者，看作教学过程的积极参与者和教学活动的共同创造者，并在预先设计的基础上，循着学生思维的起伏、情感的波澜及时调整教学策略，动态地实施教学设计。

动态地实施教学设计的过程也是一个创造性地实施教学设计的过程，其中充满了教师的教学智慧，体现了教学过程的创造性和生成性。教学实践中出现的意料之外的情况和问题，正是教学过程特点的体现。教学过程就是一个动态的生成过程，不可能完全按照既定的教学设计进行。如果强行按照教学设计方案实施教学，对学生的疑惑不加以理会，那么学生对所学内容就不能充分理解，教学设计的实施效果将会大打折扣。因此教师必须具有敏锐的洞察力，及时把握学生思想与情绪的波动，发现学生学习过程中出现的问题和存在的障碍，并充分发挥教学机智，根据学生的需要灵活地选择教学策略，修订教学设计的相关内容，采取富有针对性的措施，帮助学生提高学习效率。这就体现了教师劳动的创造性特点，即不墨守教学设计的成规，创造性地生成教学设计方案。

总之，教师在实施教学设计的时候，应以学生发展为本，突出学生在课堂上的主动性、探究性、创造性和差异性，尊重学生的独立人格，在特定的课堂教学过程中，根据师生、生生互动的情况和学生认知的、情感的需要因势利导，循序渐进。

2. 初中化学教学过程的主要环节

2.1　创设学习情境

所谓学习情境，是指知识在其中得以存在和应用的背景环境或活动，其中蕴含着与实际问题和当前学习内容相联系的学习材料。其特点和功能是能够激发和推进学生的认知活动、实践活动以及情感活动。

研究表明，良好的情境能使人产生愉快的情绪，提高大脑的活动效率；不良的情境会使人难以集中注意力，从而干扰认知过程，降低智力活动的水平。所以，在课堂教学过程中为学生创设良好的学习情境非常重要。

学习情境有多种，以其功能为根据，可将学习情境分为问题情境和体验情境。

学习情境主要有以下特点：第一，与学生的学习生活实际相联系，具有真实性和情感性；第二，内部蕴含主题，具有典型性和启发性；第三，感性因素比较丰富，具有直观性和生动性。

创设学习情境是教学过程的重要环节，其意义在于通过情境为学生提供生动的学习材料，引发学生的学习需求、兴趣和动机，促进学生主动学习，引导学生加深对知识的掌握和内化。这就要求教师积极开发学习情境所需要的素材资源，为学习情境选择适当的素材及呈现形式。学习情境呈现的形式有多种，教师应根据不同类型的教学目标和教学内容，针对学生的实际创设不同的学习情境，以达到教学过程的最优化。

2.1.1 利用实验创设问题情境

化学是一门以实验为基础的学科，化学实验中各种生动鲜明的化学现象，为学生提供了丰富的感性认识，能促进学生多种感官的同时参与，提高学生大脑皮质的兴奋度，从而激发学生的学习兴趣。因此，精心设计的实验，能在带给学生惊奇、不解和矛盾的同时，促进学生建构新旧知识之间的联系。

案例1　氢氧化钠溶液与二氧化碳的反应

【教师】展示一瓶无色气体并提出问题：

(1) 瓶中可能是我们学过的哪一种气体？如何检验？

(2) 能用氢氧化钠来检验二氧化碳吗？为什么？

(3) 对于没有明显现象的实验，我们怎样验证它确实发生了化学反应？

【学生】思考并在黑板上写出化学方程式，然后演示检验气体的实验操作过程。

案例2　烧杯中溶液变红的原因

【背景资料1】浓氨水中含有大量氨分子，有挥发性。

【背景资料2】浓氨水能使酚酞溶液变红。

情境引入：

(1) 我会猜想（见右图）

哪个烧杯过一段时间后会有明显变化？

(2) 动手实践

A、B烧杯中分别倒入30 mL酚酞溶液，另一个小烧杯C中加入约5 mL浓氨水，用一个大烧杯罩住A、C两个小烧杯。将烧杯B置于大烧杯外（如图），观察有什么现象发生。

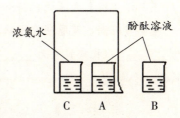

(3) 我会解释

结合背景资料，试从分子的角度解释你所观察到的现象。

结论：分子总是在_____。

2.1.2　通过新旧知识的联系来创设问题情境

学生原有的知识是理解新知识的基础，在教学过程中利用学生原有的知识来创设情境，引导学生建立新旧知识间的联系，有助于学生充分运用已习得的知识和经验，积极地进行分析、判断，并借助于已有的知识去获得新知识。

案例 3　酸和碱的反应

【趣味导学，引入新课】（1）创设情境：实验台前有两瓶失去标签的无色溶液，分别是氢氧化钠溶液和稀盐酸。请你根据已学知识将它们鉴别出来。

根据学生已有的知识和经验，他们可能提出的方案是：

方案	实验方法和步骤	实验现象	实验结论
一	取两种溶液于试管中，分别滴加无色酚酞溶液		
二	取两种溶液于试管中，分别加入锌粒		
三	取两种溶液于试管中，分别加入碳酸钙粉末		
……	……	……	……

请学生上讲台演示方案。

（2）提出问题：如果将稀盐酸倒入氢氧化钠溶液，会发生什么反应？

案例 4　二氧化碳的实验室制法

【教材分析】教材在介绍了氧气、氢气的实验室制法的基础上编排了二氧化碳的实验室制法。这样的安排可以使学生对氧气、氢气的认识得到巩固、补充和深化。通过小结氧气、氢气的实验室制法来引出实验室制取气体的思路和方法，可以使学生分析问题、解决问题的能力得到提高，从而为学生以后研究、探讨其他气体的实验室制法提供借鉴。

【学生分析】学生通过对氢气、氧气实验室制法的学习，已具备了一定的气体制取的知识和化学实验操作的能力和技术；并且在学习前几章知识的过程中，学生曾进行过一些初步的探究活动，所以此时正是在课堂教学中突出其主体地位，让学生真正参与教学过程的时机。

【创设情境】大家还记得如何在实验室制取氧气、氢气吗？

【复习巩固，获取研究思路】请根据下图选择：加热高锰酸钾制取氧气的发生装置为_____，收集装置为_____；实验室制取氢气的发生装置为_____，收集装置为_____。

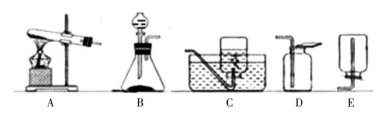

　　A　　　　　B　　　　　C　　　　　D　　　　　E

【提问】加热高锰酸钾制取氧气的装置适合于制取氢气吗？为什么？

初 中化学教师专业能力必修　Chu Zhong Hua Xue Jiao Shi Zhuan Ye Neng Li Bi Xiu

【提问】收集氢气和氧气的方法是否相同，为什么？

【提问】你认为实验室制取气体的一般思路和方法是什么？

【新课引入】这节课，我们就按照以上总结的思路和方法来共同研讨二氧化碳的实验室制法。

2.1.3 利用学生的认知矛盾创设问题情境

将一些"定论"形式的陈述材料设计成引导学生探究的"问题"形式，可以引起学生的疑问，造成学生的认知冲突，激发学生学习、探究的欲望。

案例5　金属的物理性质

本课题属于一级主题"身边的化学物质"下的二级主题"金属与金属矿物"，是中学化学首次对一类物质进行研究。本课题的一个重要作用，就是使学生从独立地研究某种物质过渡到能整体研究一类物质。

在教学过程中，先引导学生分析得出金属的物理性质之一，即密度大于水，随后提出问题：钠是一种金属，它的密度比水大还是小？学生自然依据已学过的知识预测钠的密度大于水。这时可不失时机地演示钠与水反应的实验，让学生产生认知冲突，由此得出某些金属具有特殊物理性质的结论。具体教学过程如下。

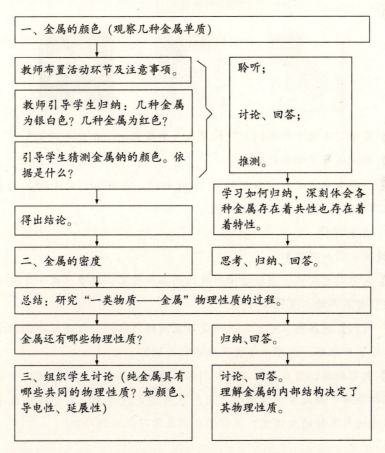

2.1.4　从社会生活现象及知识应用入手创设学习情境

化学与生活紧密联系。生活中处处涉及化学知识，从化学在实际生活中的应用入手来创设情境，既可以让学生体会到学习化学的重要性，也有助于学生利用所学的化学知识解决实际问题、学以致用，有利于激发学生的学习兴趣，促进学生创新思维和能力的发展。

案例6　燃烧

【创设情境，引入课题】

【引言】当你听到"火"这个字眼时，你会想到什么呢？是在寒冷的黑夜燃起的篝火，还是使房屋变成一堆废墟的大火呢？请同学们观看投影：

燃烧的美丽

燃烧的灾难

【课件】展示"造福于人类的火"和"为人类带来灾难和损失的火"。

【设问】你对火有了哪些认识？

【导言】科学本身就是把"双刃剑"，火也如此，既有有利的一面，也有不利的一面，我们只有掌握其规律，才能趋利避害。

案例7　水的净化

【创设情境，引入课题】

【教师】同学们都观察了实验盒中所放的药品和仪器，现在思考一下纯净水的物理性质有哪些？自然界的水是纯净物吗？

【展示·设问】现在有三瓶水，一瓶是万泉河的河水，一瓶是北海的湖水，还有一瓶是"娃哈哈"矿泉水。观察一下这三瓶水的区别？

【教师】大家知道，自然界的河水、湖水、海水、井水等天然水里由于含有许多可溶性和不溶性杂质，因此常呈浑浊状。天然水并不是纯净物。要想得到纯净水，我们应该对天然水进行怎样的处理呢？这节课我们来学习"水的净化"。

案例 8　金属的化学性质

引入新课 ⟹ 向学生展示丰富多彩的图片：青铜时代的青铜器、铁器时代的铁器、现代的国家大剧院、"鸟巢"、神州九号等。引导学生了解金属及合金的成分、特征，认识金属的重要用途。介绍中国古代金属冶炼的成就和当代金属材料的开发与利用情况，集中学生学习的注意力，渗透用途与性质之间的关系。

交流、归纳 ⟹ 以沧州铁狮子的严重腐蚀、银器变黑为例，让学生明白无处不在的自然现象，蕴含着研究物质及其变化的丰富素材；引导学生认识和探究身边的化学物质，了解化学变化的奥秘；让学生认识到科学探究既要实验、观察，又要进行推理和判断，为提出判断金属的活动性的依据、设计探究金属活动性实验作准备。

创设情境时使用的图片如下：

此外，还可以利用化学史材料、新闻报道等创设情境，如某教师给学生提供材料，创设了如下情境：

案例 9　质量守恒定律

材料一：1673 年，英国化学家波义耳在敞口的容器内加热金属，结果发现反应后的质量增加了。

材料二：1777 年，法国化学家拉瓦锡进行了密闭容器中氧化汞分解与合成实验，结果发现，参加化学反应的各物质质量总和等于反应后生成的各物质的质量总和。

材料三：在我们的日常生活中，煤燃烧后质量减轻了。

提出探究主题：化学反应前后物质的质量是否改变，如果改变了，是增加还是减少？

2.2　设计有效提问

课堂教学过程中，教师要对学生提出问题，这些问题可分为两类，一类是徒劳的问题，另一类是重要的问题，而区别二者的标志就是看问题是否有效地调动了学生的思考。设计的问题应在学生"应发而未发"之间，在"似懂与非懂"之间，在学生的思维卡壳之处。教师要设计启发式的提问，让学生感受到问题的价值，并进入解决问题的思考状态。

一般说来，同一个问题可以从不同的侧面提出，提问的角度不同，效果往往也不一样；不同的问题采取不同的提问策略，选择不同的提问方式，效果也往往不同。

2.2.1 再现知识的回忆性提问

这种提问可以让教师了解学生对相关知识掌握的程度，也能帮助学生从已有的知识结构中提取出相关知识，并将其作为学习新知识的起点。

案例 1 二氧化碳的制取

【教师】出示一瓶原装可口可乐，轻轻一摇，有气体产生。

【提问】这气泡是什么气体？它是如何产生的？

【板书】$H_2CO_3 = CO_2\uparrow + H_2O$。

【提问】你怎样才能证明它是 CO_2 呢？

【演示】打开瓶盖，换上带导管的橡皮塞，将气体导入澄清的石灰水，石灰水立刻变浑浊。

【过渡】制造汽水需要大量 CO_2。今天我们一起来研究 CO_2 的制取。

【提问】实验室中如何获得少量 CO_2 气体？哪些反应可产生 CO_2 气体？（人和动植物的呼吸、木炭在空气中燃烧、碳酸受热分解、碳与氧化铜的反应）

【教师】许多方法都不适合实验室制取 CO_2。那么实验室该用什么方法制取 CO_2 呢？

2.2.2 由旧知引发新知的启发式提问

问题的设计要注意结合学生已有的知识经验，由浅入深，层层递进。在讲授难度较大的知识点时，要善于补充搭桥式的问题，以降低教学难度。

案例 2 二氧化碳的制取

实验室怎样制取氧气和氢气？

制取二氧化碳的原理是什么？能否选择浓盐酸？

如何收集二氧化碳？为什么不能采用排水法和向下排气法？

如何检验产生的气体就是二氧化碳？

如何检验集气瓶中的二氧化碳已满？

2.2.3 引导学生深入思考的递进式提问

在传授知识时要多引导学生主动思考。递进式提问既能帮助学生全面而准确地掌握知识，又能引导学生深刻思考问题。

初
中化学教师专业能力必修
Chu Zhong Hua Xue Jiao Shi Zhuan Ye Neng Li Bi Xiu

案例3 燃烧的条件

【演示实验一】

【提问】①你观察到什么现象?

②你有什么问题?

③你能解释吗?

④你能得出什么结论?

⑤我们能否使水中的白磷燃烧?怎么做?还有没有其他办法?

【演示实验二】

【提问】①你看到了什么现象?

②水中的白磷为什么能燃烧?

③试管中的水面为什么会上升?

【小结】通过上述实验,我们知道了燃烧需要的条件。(多媒体课件进行实验再现
与展示)

【板书】

一、燃烧的条件

1. 与氧气接触

2. 达到着火点

【思考】除了以上两个条件以外,燃烧还需要什么条件呢?

【提问】自然界中是不是所有物质都能燃烧呢?为什么?(举例说明)

【板书】

一、燃烧的条件:

1. 与氧气接触

2. 达到着火点 } 三者同时满足

3. 有可燃物

【投影】

【小结】只有在同时具备了与氧气接触、有可燃物、温度达到着火点这三个条件时，才可能有燃烧现象发生。

2.3 组织探究与交流

科学探究是学生积极主动获取化学知识和认识、解决化学问题的重要实践活动，它不仅是一种重要的学习方式，也是初中化学课程的重要内容。《课程标准》将科学探究能力的要素概括为提出问题、猜想与假设、制订计划、进行实验、收集证据、解释与结论、反思与评价、表达与交流八个方面。教师可将探究与交流的组织划分为五个阶段：让学生接触问题情境、帮助学生认识情境材料中的某个概念或问题、引导学生提出问题并作出假设、鼓励学生设计实验并通过实验探究形成结论、反思与评价。

案例1　常见的碱

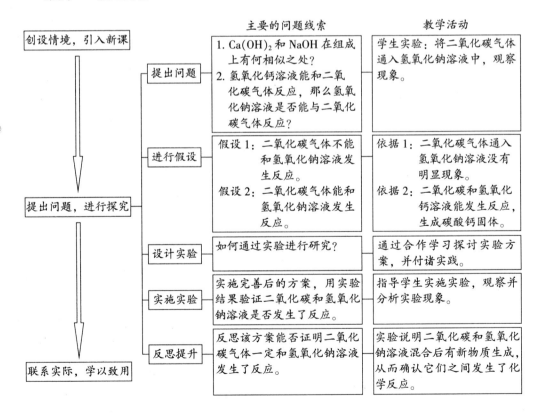

具体教学过程如下：

教学过程			
教学环节	教师为主的活动	学生为主的活动	设计意图
创设情境，引入新课	【引入】 （幻灯片展示）某高校一百多名青年志愿者开展了"关爱校园树，感受绿化美"之刷树活动。 　　用石灰粉刷树木，不仅能防治病虫害，同时也美化了路容路貌。氢氧化钙是一种常见的碱，它具有哪些性质呢？	【观看】	由生活中氢氧化钙的用途入手，展开对新课题的研究。
提出问题，进行探究　实物展示	【展示】 氢氧化钙固体，取少量溶于水。 【展示】 氢氧化钠固体，取少量溶于水。 【提示】 氢氧化钠固体溶于水释放出热量。	【观察总结】 氢氧化钙的物理性质：白色，粉末状固体，微溶于水。 【观察总结】 氢氧化钠的物理性质：白色，片状固体，易溶于水，溶解时释放出热量。	指导学生观察，让学生归纳出氢氧化钙和氢氧化钠的物理性质。
回顾旧知	【回顾】 氢氧化钙溶液可以和二氧化碳气体发生反应： $Ca(OH)_2 + CO_2 = CaCO_3 \downarrow + H_2O$。	【回顾】	由物理性质到化学性质，让学生形成对物质性质的完整认识。
提出问题	【问题】 氢氧化钠的化学式是 NaOH，从组成上看与 $Ca(OH)_2$ 极为相似，那么氢氧化钠溶液是否能和二氧化碳发生反应呢？	【实验】 将二氧化碳气体通入氢氧化钠溶液。 【观察】 没有明显现象。	引发下面的问题。
作出假设	【问题】 两种物质混合后是否发生了反应？	【作出假设】 假设1：二氧化碳气体不能和氢氧化钠溶液发生反应。 假设2：二氧化碳气体能和氢氧化钠溶液发生反应。 依据1：二氧化碳气体通入氢氧化钠溶液没有明显现象。 依据2：二氧化碳和氢氧化钙溶液能发生反应，生成碳酸钙固体。	引发学生猜想，之后寻找依据支持猜想。
设计实验	【问题】 1. 实验台上有一充满二氧化碳气体的塑料软瓶，能否利用它来探究二氧化碳是否和氢氧化钠溶液发生了反应？ 2. 前面我们进行的氧气含量测定的实验，运用了什么原理？	【讨论】 有明显现象产生，证明发生了反应。 【讨论】 利用气体减少后形成的压强差来设计实验。 【讨论】 实验的可操作性。	培养学生的探究意识和能力。

続表

		教学过程		
提出问题,进行探究	实施实验	**【指导】** 引导学生自主解决实验过程中遇到的问题,了解氢氧化钠的腐蚀性。 **【指导】** 启发学生进行深入思考,设计对比实验,排除二氧化碳溶解的干扰。 **【指导】** 指导学生讨论实验操作中应该注意的问题。 **【指导】** 指导学生认识装置的多角度利用价值。	**【实施方案】** 方案1:将塞有胶塞、充满二氧化碳的试管倒扣在氢氧化钠溶液中,拔掉胶塞,观察现象。 方案2:向一个充满二氧化碳的塑料瓶内倒入氢氧化钠溶液,盖上瓶盖振荡,观察现象。 方案3:将已装好分液漏斗和玻璃管(玻璃管伸入瓶中的一端绑有一个气球)的双孔橡胶塞插入集满二氧化碳气体的广口瓶,向其中加入氢氧化钠溶液,观察现象。 方案4:将充满二氧化碳气体的圆底烧瓶倒放在铁架台上,塞上带导管和胶头滴管的双孔橡胶塞,将导管的另一端伸入水中,再将胶头滴管中的氢氧化钠溶液挤压进烧瓶,观察现象。	在方案实施的过程中给予学生以指导和点拨,实现由设计方案到实际操作的升华。在探究实验的过程中,增强学生对化学现象的好奇心和探究欲。
	反思提升	**【反思】** 实验设计是否能够说明二氧化碳气体和氢氧化钠溶液发生了反应? **【演示实验】** 取学生实验中变瘪的塑料瓶里的残留液体于试管中,然后滴加稀盐酸,观察现象;再取与上述液体等体积的氢氧化钠溶液于试管中,然后滴加稀盐酸,观察现象。	**【反思】** 发现漏洞:实验消除了二氧化碳气体,但不能排除二氧化碳气体溶解的因素。 **【观察】** 产生气泡。 **【结论】** 二氧化碳通入氢氧化钠溶液后有新物质生成,因此发生了化学反应: $CO_2 + 2NaOH == Na_2CO_3 + H_2O$。	对实验探究加以总结,体会仅靠证明二氧化碳的消失不足以说明反应的发生,应进一步说明有新物质生成。
联系实际,学以致用		**【提出问题】** 实验室应该如何保存氢氧化钠固体? **【提出问题】** 氢氧化钠溶液和氢氧化钙溶液都能与二氧化碳发生反应,实验室吸收二氧化碳究竟选择谁? **【介绍】** 常见碱的工业用途。	**【回答】** 密封保存。 **【思考】** 实验室中如果要检验二氧化碳气体应该用氢氧化钙溶液,而吸收二氧化碳气体则应该选择氢氧化钠溶液。	通过解决实际问题,了解碱的用途。

初中化学教师专业能力必修

Chu Zhong Hua Xue Jiao Shi Zhuan Ye Neng Li Bi Xiu

2.4 引导学生概括小结

概括小结就是对新知识加以分析、综合、抽象、概括，使之规律化、结构化、系统化的过程。概括小结是教学过程的重要环节，是课堂教学成败的关键。一般说来，只凭学生自己的知识和能力，要达到教学目标是不可能的，因此要发挥教师的指导作用。指导学生概括小结，可以锻炼学生的表达能力。同时，在教师的启迪下，学生也能深刻理解教材，实现实践到理论的一次飞跃。

案例1　"碳酸钙"课堂小结

通过前面的学习，我们知道了石灰石、生石灰、熟石灰三种物质间的转化关系，请画出它们的转化关系图。

3. 初中化学学案的运用

3.1 学案的内涵

学案是指依据学生的认知水平、知识经验，为指导学生进行主动的知识建构而编制的学习方案。它实质上是教师用以帮助学生掌握教材内容、沟通学与教的桥梁，培养学生自主学习和知识建构能力的一种重要媒介，具有"导读、导听、导思、导做"的作用。

1. 学案的关键——问题探究。学案中的设问能起到"以问拓思，因问造势"的功效，并能帮助学生从理论阐述中把握问题的实质。

案例1　"分子和原子"第一课时学案（部分）

指导实验一：探究分子运动

【问题】分子是静止的还是不断运动的？你能用哪些方法证明你的结论？＿＿＿＿＿＿。

【背景资料1】浓氨水中含有大量氨分子，有挥发性。

【背景资料2】浓氨水能使酚酞溶液变红。

（1）我会猜想（见右下图）

预测一下哪个烧杯过一段时间会有明显变化？＿＿＿＿＿＿。

（2）动手实践

A、B烧杯中分别倒入30 mL酚酞溶液，另一个小烧杯C中加入约5 mL浓氨水，用一个大烧杯罩住A、C两个小烧杯。将烧杯B置于大烧杯外（如右图）。观察有什么现象发生？

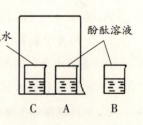

（3）我会解释

结合背景资料，试从分子的角度解释你观察到的现象。＿＿＿＿＿＿。

结论：分子总是在＿＿＿＿＿＿。

指导实验二：1＋1是否一定等于2

（1）猜一猜：50 mL小米与50 mL黄豆混合，体积＿＿＿＿＿＿（大于、等于、小于）100mL。

（2）用两个小烧杯分别量取各 1 体积（参考用量：50 mL）的黄豆和小米，混合均匀，所得体积是否等于 2 体积？注意观察小米和黄豆的位置关系，验证你的猜想并说明原因。_____。

（3）根据上述实验，能推测出水和酒精混合后出现奇妙现象的原因吗？_____。

结论：分子间_____。

通过设计探究问题，引导学生围绕问题开展实验，并根据对实验现象的观察和分析，最终得出结论。对这一问题的探究过程突出了过程与方法、知识与技能目标的有效整合。

2. 学案的重点——知识的整理。学案的重要作用之一就是让学生学会独立地对教材里的知识进行分析、综合、整理与归纳，最终在头脑中形成一个完整的知识体系。

3. 学案的特色——阅读与思考。学案注重引导学生根据教材内容进行阅读与思考，力求开阔学生的视野，激发其学习兴趣。另外，优秀的学案还常引用一系列有教育意义的文章，如与所教内容密切相关的化学史知识，或是现代化学科学发展的前沿知识等。

案例 2　蜡烛的起源

蜡烛起源于原始时代的火把。原始人把动物脂肪或者虫蜡一类的东西涂在树皮或木片上，然后将树皮或木片捆扎在一起，做成了照明用的火把。大约在公元前 3 世纪出现的蜜蜡可能是今日所见蜡烛的雏形。在西方，有一段时期，寺院中都养蜂，用来自制蜜蜡。1820 年，法国人强巴歇列发明了三根棉线编成的烛芯，这种烛芯燃烧时可以自然松开，末端正好翘到火焰外侧，因而蜡烛可以完全燃烧。后来，在北美洲发现了大油田，于是人们从石油中提炼出了大量的石蜡，实用的蜡烛因此在全球得到了推广、普及。

4. 学案的着力点——巩固性练习。在对某一课时教学内容进行整理、归纳的基础上，让学生独立进行一些针对性强的巩固性练习，或对探索性的题目进行分析、讨论，可以达到帮助学生巩固知识、掌握方法和技能、优化认知结构的目的。

案例 3　"氢氧化钠"练习

1. 下列哪种物质的溶液能使酚酞溶液变红？（　　）

A. NaCl　　　　B. HCl　　　　C. H_2O　　　　D. NaOH

2. 下列关于氢氧化钠的描述，错误的是（　　）

A. 易溶于水，溶解时放出大量的热量　　B. 对皮肤有强烈的腐蚀作用

C. 水溶液能使石蕊溶液变红　　　　　　D. 能去除油污，可做厨房的清洁剂

3. 下列潮湿的气体能被固体氢氧化钠干燥的有（　　）

A. 二氧化碳　　B. 氯化氢　　C. 氧气　　D. 二氧化硫

4. 向盛有 CO_2 气体的可乐瓶中注入 NaOH 溶液，可观察到的现象是_____，原因是_____（用化学方程式表示），再注入稀盐酸，可观察到的现象是_____，原因是_____（用化学方程式表示）。

5. 如何确定一瓶 NaOH 溶液是否变质？如果变质，应如何除去杂质？写出相关的化学反应方程式。

初中化学教师专业能力必修　Chu Zhong Hua Xue Jiao Shi Zhuan Ye Neng Li Bi Xiu

在这份学案中，该教师编制的练习题紧紧围绕本节课的教学内容——NaOH 的性质，针对性很强。该教师力图从三维教学目标的角度帮助学生总结关于 NaOH 的知识，其中涉及知识与技能——NaOH 的物理性质和化学性质，过程与方法——设计实验除去 NaOH 溶液中的杂质，情感、态度与价值观——氢氧化钠的用途。这样的练习可以达到巩固知识、掌握方法的学习效果。

3.2　学案是教学辅助手段

3.2.1　学案不同于教案

学案与教案，都是由教师设计的，指向共同的教学目标。教案本身包含着学生学习活动的设计，学案就是在教案的基础上产生的。但学案不等同于教案，学案是提供给学生使用的，只涉及学生的学习活动，提供学生必需的学习资料；而教案是教师使用的，是对教与学两方面活动的整体设计、全程设计，涵盖了更为丰富的内容。因此，不能把学案与教案混为一谈，不适宜把教与学一体化设计的教学稿或讲学稿发给学生作为学案使用。

3.2.2　学案不能替代教材

学案是针对学生学习而开发的一种学习方案，它能让学生知道教师的授课目标、意图，让学生有备而学。但是学案不能替代教材，也不能将其等同于练习。学案应该是重在设计学生的学习活动，为学生的自主学习、问题探究提供材料和指导。有些教师设计的学案，主要是归纳、罗列知识要点，分析、阐述教学重点和难点，往往抛开教材。其实，教材不只是对于概念、规则、方法的介绍和分析，它还具有深刻的思想和丰富的内涵，任何教学手段都不可能替代教材文本。学案如果只是教材的缩写，只是以知识为线索的学习提纲，不仅失去了其本身的意义，而且还会导致学生忽视对教材内容的研讨。而有些教师设计的学案，只是罗列了大量的练习，用于在课堂上讲讲练练，这难以突出学生的主体地位，无法引领学生主动发展，更不能突破以教师为中心的传统教学模式。

学案作为一种教学辅助手段，一种学生使用的学习资料，不是为了简单地提供问题情境和参考资料，而是为了在内容选择、活动设计上充分体现新课程的理念，努力突出学生学习活动的自主性、探究性、开放性和创造性。

问题一：二氧化碳有哪些性质？

实验	现象	分析与判断
1. 检验二氧化碳气体。 方法：_____。		
2. 倾倒二氧化碳灭火。 注意：倾倒时，玻璃片应盖住瓶口的大部分。		

实验	现象	分析与判断
3. 二氧化碳溶解性实验。 水 二氧化碳 倒入塑料瓶容积 1/3 的水，立即旋紧瓶盖，振荡。		

通过对实验的操作与观察，你认识到二氧化碳有哪些性质？

学生在教师的指导下完成这三个实验后，进一步对实验现象进行观察和分析，了解了二氧化碳的物理性质。但是二氧化碳溶于水时是否和水发生了化学反应呢？教师不失时机地提出了下一个探究问题。

问题二：二氧化碳能否与水反应？

步骤及方法	现象	分析与判断
1. 取三朵用石蕊溶液染成紫色的干花。 2. 向第一朵小花喷水，观察。	颜色为____色。	水____（填"能"或"不能"）使紫色石蕊变色。
3. 将第二朵小花直接放入盛有二氧化碳的集气瓶中，观察。 二氧化碳	颜色为____色。	干燥的二氧化碳____（填"能"或"不能"）使石蕊变色。
4. 将第三朵小花喷水后放入盛有二氧化碳的集气瓶中，观察。 二氧化碳	颜色为____色。	二氧化碳和水反应后的生成物____（填"能"或"不能"）使石蕊变色。 对比上述实验，说明水与二氧化碳反应有____性物质产生。 该反应的化学方程式是： _____。

在探究二氧化碳是否能与水反应时，教师采用了对比实验法，在完成知识教学任

初
中化学教师专业能力必修
Chu Zhong Hua Xue Jiao Shi Zhuan Ye Neng Li Bi Xiu

务的同时，也渗透了化学科学方法的教育。

那么，二氧化碳与水反应所生成的显酸性的物质又有何性质呢？教师又提出了第三个问题。

问题三：加热变红的小花有何现象？

实验步骤及装置	现象	分析与判断
将变红的小花放在酒精灯火焰上加热，观察。 	小花由____色变成____色。	说明：_____。

通过对实验现象的分析，学生明确了碳酸的不稳定性。

可见，在"二氧化碳的性质"的学案设计过程中，该教师围绕主题设计了层层递进的实验探究问题，引导学生在共同完成实验的基础上思考、讨论、交流，最终获得关于二氧化碳性质的正确认识。可以说在该学案的引导下，学生学习目标明确，学习过程清晰，同时其分析问题和解决问题的能力也得到了提高。

3.3　学案的运用策略

（1）指导学生根据学案认真预习

应将学案提前一天印发给学生，指导学生根据学案制订的课前学习活动的任务和要求，利用课余时间认真开展预习活动。在课后作业少而精的前提下，必须要求学生认真完成规定的预习任务。

在课堂上，首先要组织学生交流课前的预习情况，并予以简要的总结与评价。通过交流、评价，一方面可以检查学生的预习情况，督促学生及时预习，另一方面可以了解学生学习新内容前的认知基础和存在的主要问题，以更具针对性地突出重难点。学生的学习与我们的工作一样，无法完成的任务不要提，提出来了就要求他们认真去做，而做了的就必须及时对其学习情况进行总结和评价，通过评价给予督促、激励和指导。

（2）组织学生认真开展问题探究活动

学案上设计的问题，是指向学习重点的问题，是最具典型性的问题，是有保存价值的问题。在教学过程中，对学案上设计的问题不能轻描淡写、一带而过，必须着重运用这些问题创设情境，组织学生开展自主学习、问题探究活动。要保证有比较充分的时间，以引领学生围绕这些问题，结合教材认真思考、讨论、解答和交流，并在学生的自主探究过程中给予指导与评价。对于课堂上尚未详细解答的问题，必须要求学生结合同伴的交流、教师的指点，在课后补充完整。

学案的作用，不是为了简单地分析、解答一个又一个的问题，而是为了指导学生从阅读材料、观察生活、思考问题的过程中悟出基本思想、提炼一般方法，这是培养学生分析问题、解决问题能力的重要策略。

（3）把学案与其他教学手段结合起来

学案虽然有助于对学生的学习活动进行整体设计，引领学生阅读、思考、交流、表达。但是，学案容量小，也不具备形象、直观、动态的特点，因此在教学中必须与其他教学手段结合运用。在运用学案指向重点内容、展开学习活动的同时，教师可以用挂图、投影、录像、实物、标本等形式呈现直观形象的教学情景，也可以开展一些实践活动，或者展示学生的学习成果，从而使教学过程变得生动活泼，也有利于培养学生多方面的能力。

4. 初中生化学学习评价

所谓学习评价，是指依据教学目标，运用可行的测量技术对学习活动所涉及的主要因素及其效果作出科学判断或价值判断。学习评价的依据和标准是教学目标。化学学习评价的对象是学生学习化学课程的过程及其结果。化学学习评价的目的是为了改进教育教学，促进学生的学业进步和全面发展。

4.1 学习评价的功能

学习评价的功能主要表现在以下几个方面：

（1）诊断功能

通过学习评价，教师可以了解学生的知识、技能、能力所达到的水平和科学态度、情感与价值观发展的状况以及学习中存在的问题。学习评价可以使教师了解教与学各方面的问题，进而判断导致学生学习困难的原因，为调整与改进教学提供方向。

（2）反馈功能

通过对学生学习状况的测评，教师可以给学生以肯定或否定的评价，这就是学习评价的反馈功能。肯定的评价会对学生产生激励作用，否定的评价会使学生产生焦虑情绪，而适度的焦虑可以成为学生努力学习的动因。

（3）导向功能

研究表明，学生在学习时间和注意力上的分配，常常受评价指标和测验内容的引导。反映教学目标的测验内容和评价标准会对学生的学习发挥导向作用，从而有利于学生学习效率的提高，有利于教学目标的实现。

（4）教育功能

学习评价本身也是一种教育活动。这种活动可以促使学生对所学内容进行及时的复习、巩固、归纳和综合，有利于训练学生的基本技能，提高他们运用所学知识分析问题、解决问题的能力，也有利于学生养成严谨、认真、负责的学习品质和个性特征。

初 中化学教师专业能力必修 Chu Zhong Hua Xue Jiao Shi Zhuan Ye Neng Li Bi Xiu

4.2 学习评价的基本类型

学习评价的类型主要有纸笔测验、表现性评价、非正式评价三种。

（1）纸笔测验

纸笔测验是一种重要而有效的评价方式。在初中化学的教学中运用纸笔测验，重点应放在考查学生对化学基本概念、基本原理以及元素、化合物、化学实验等的认识和理解上；应重视考查学生综合运用所学知识、技能和方法分析和解决问题的能力，而不宜仅仅强化解答习题的技能；应注意选择具有真实情境的综合性、开放性的问题，而不宜孤立地对基础知识和基本技能进行测试。

纸笔测验中的试题通常包括客观性试题与主观性试题两大类。客观性试题又包括选择题、填空题等具体形式；主观性试题包括实验题、简答题、计算题等具体形式，允许学生自由组织答案。

（2）表现性评价

表现性评价是让学生通过解决实际问题或完成实际任务来展现其掌握知识、技能等的情况，然后由评价者按照一定标准对此过程进行直接观察、评判。表现性评价主要包括调查报告、小论文、演讲、实验操作等形式。

表现性评价与传统的纸笔测验有着很大的不同，主要区别在于任务呈现的真实性程度不同。表现性评价是过程性评价经常采用的方式，有时也出现在终结性评价中。这种评价方式经常在学生的探究活动中采用，在学生完成一系列任务（如实验、辩论、调查、设计等）的过程中进行。它通过观察、记录和分析学生在各项学习活动中的表现，对学生的参与意识、合作精神、实验操作技能、探究能力、分析问题的思路、知识的理解和应用水平等进行评价。表现性评价的对象可以是个人，也可以是团体；评价的内容既包括学生的活动过程，也包括学生的活动结果。表现性评价要有明确的评价目标，应体现综合性、实践性和开放性，力求在真实的活动情境和过程中对学生在知识与技能、过程与方法以及情感、态度与价值观等方面的进步与发展进行全面评价。

（3）非正式评价

非正式评价指的是教师在日常教学过程中，以观察和交流为主要方式不断了解学生，进而在有意或无意之间对学生形成某种看法和判断的一种评价方式。它主要包括观察、谈话和课堂提问等形式。

非正式评价是一种注重过程的评价方式，具有主观、零散、隐蔽、灵活等特点。这种评价不一定严格遵循某种程序和要求，但对学生的学习可起到很大的促进作用。

4.3 学习评价的基本载体

成长记录袋是日常对学生进行学习评价的主要载体之一。新课程倡导为学生建立成长记录袋，从而为学生的不断发展积累信息。学生学习情况报告单是成长记录袋的重要组成部分，是呈现过程性评价及学生学习各阶段性结果的基本载体。

（1）成长记录袋

成长记录袋是指为描述学生的进步、展示学生的成就、评估学生的状况而有计划、系统地收集而来的学生作品的集合。依据作用的不同，可以将成长记录袋分为过程型成长记录袋、主题型成长记录袋、评估型成长记录袋与展示型成长记录袋等多种类型。建议由学生参与设计并保存自己的成长记录袋，教师可定期进行查阅。应培养学生自主选择和收集成长记录袋内容的习惯，给他们表现自己学习进步的机会，并鼓励学生根据学习成长记录袋进行反省和自我评价。

（2）学习情况报告单

学习情况报告单指的是采用表格描述的形式，对学生完成某项任务的过程或完成学科学习的过程进行呈现的评价方式。根据学习目的的不同，报告单可以分为表现性评定任务报告单、习题作业报告单、学科学习情况报告单等多种类型。

学习情况报告单一般包括学习笔记、探究活动的资源、查阅的信息和资料、作业和日常测验的成绩、课后感、其他活动的作品等。

案例1　"分子和原子"课后问卷调查

1. 这节课从水的三态变化引出分子的性质，你觉得顺畅吗？

A. 很顺　　　　B. 较顺　　　　C. 不顺

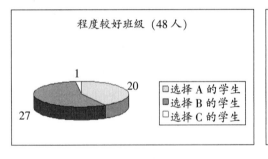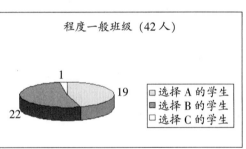

2. 通过这节课，你知道人类是怎样逐步认识物质是由微粒构成的吗？

A. 了解　　　　B. 不了解

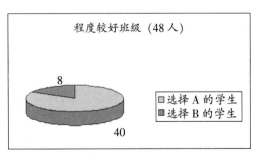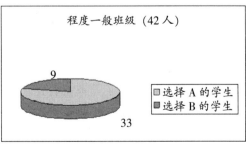

3. 你看到宏观物质的时候，会不会想到它们的构成？

A. 肯定会　　　　B. 有时会　　　　C. 不会

初中化学教师专业能力必修

Chu Zhong Hua Xue Jiao Shi Zhuan Ye Neng Li Bi Xiu

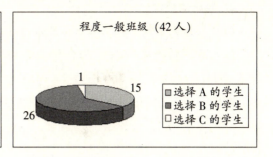

4. 如果让你先了解人类认识物质的微粒结构的思维发展过程，然后再来学习，对你是否更有帮助？

　　A. 有　　　　　　B. 没有

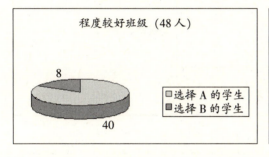
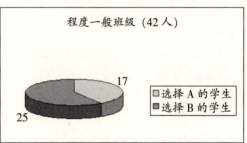

案例2　"化学式与化合价"的课堂评价

1. 表现性评价

评价内容	自评	互评（直接写分数）			
A. 对小组学习的态度和贡献	□3分：积极参与，全情投入	组员1	组员2	组员3	……
	□2分：主动参与，基本关心				
	□1分：偶尔参与，很少主动				
B. 个人承担的任务	□3分：按时完成，质量优异				
	□2分：基本完成，质量一般				
	□1分：很难完成，质量较差				
C. 与合作者的协调情况	□3分：主动关心，善于合作				
	□2分：偶有意见，不善让步				
	□1分：分歧较大，不作让步				
D. 本次学习的收获	□3分：很大，能很好地解决问题				
	□2分：一般，基本能解决问题				
	□1分：较少，不能解决主要问题				
E. 你对此类探究活动感兴趣吗？感觉如何？（2分）					
F. 你们是怎样合作的？哪些方面还可以改进？（3分）					
G. 你对老师这节课的表现满意吗？还有些什么意见和建议？（2分）					

2. 形成性评价

（1）写出氧化铁、氧化亚铁、氯化镁、氯化铝的化学式。（4分）

（2）将下列物质按 N 的化合价由高到低的顺序排列：N_2、HNO_3、NO_2、N_2O、NO、NH_3。（6分）

案例3 "二氧化碳与氢氧化钠溶液反应的再探究"课堂效果评价问卷

项目	内容	评价等级 （好、较好、一般、再努力）
1. 本节课我学会的知识		自我评价：
2. 我没弄明白的问题		
3. 我还想继续探究的问题		
4. 我们小组课堂评价最满意的环节		
5. 对本课中教师的设计，我最认可的环节		对教师的评价：
6. 我对教师的设计意图理解不透彻的环节		
7. 这样改进我们比较容易理解		
8. 我建议		

初

中化学教师专业能力必修

Chu Zhong Hua Xue Jiao Shi Zhuan Ye Neng Li Bi Xiu

专题三　初中化学教学资源的开发与利用

从狭义上讲，化学教学资源仅指能构成化学课程素材的直接来源，典型的如化学教材、师生的辅助用书等。从广义上来说，有利于实现化学课程目标的各种因素都是化学教学资源，既包含狭义的化学教学资源，还包含化学实验室场地条件、学校的人力物力以及校外的展览馆、工厂、电视节目等综合性资源。

1. 初中化学教学资源开发与利用的原则

1.1　开放性原则

开放性原则即通过教学资源类型、空间、途径的开放，开发与利用有利于提高化学教学效果的资源。应充分开发和利用各种化学课程资源，包括校内的教学资源和人文资源、校外的社会资源和自然资源，建立以校为本、校际结合的开发与利用模式，甚至进行区域之间的合作开发与利用等。

1.2　经济性原则

经济性原则即从开支、时间、空间等方面考虑教学资源的开发和利用的效率，以保证获得理想的开发效果。应尽可能开发与利用所需开支少的化学教学资源，开发与利用当前可以用于教学的资源以及能就地取材的资源。

1.3　针对性原则

针对性原则是指针对不同的化学课程模块开发与利用化学教学资源。目前化学课程有化学与生活、化学与技术等 STS 取向的课程模块，也有以化学学科为中心的课程模块，应依据各课程模块不同的特点开发与利用相应的教学资源。

1.4　优先性原则

优先性原则是指应筛选出有利于提高学生科学素养的化学教学资源，并优先运用。科学探究是学生积极主动获取化学知识和解决化学问题的重要实践活动，是一种重要的学习方式，也是化学课程的重要内容，对发展学生的科学素养具有不可替代的作用。因此，当前要注意开发和利用以科学探究为形式的化学教学资源。

1.5　科学性原则

科学性原则是指应选择真实的、符合化学科学发展趋势的内容作为化学教学的资源，力求课程的科学性。例如，金属钠与氯气反应生成氯化钠，这证实氯化钠可以用金属钠与氯气反应制得。虽然说用这种方法来制取氯化钠是合理的，但是食盐在自然界中分布很广，储量也很大，如海水里就含有丰富的食盐，盐湖、盐井和盐矿中也蕴藏着巨量食盐，所以我们不需要用金属钠和氯气来制备氯化钠，从食盐中提取即可。在讲授化学知识的过程中，应引导学生科学地、辩证地理解化学科学的实质，如氧气的化学性质比较活泼，可帮助可燃物燃烧，但是燃烧并不一定必须有氧气参加，如氢气就能在氯气中剧烈燃烧。

1.6 适应性原则

适应性原则是指应开发与利用适合于学生学及教师教的化学教学资源。开发的教学资源要符合学生的认知特点、化学学科的特点以及学校的地域特点等。在现有条件下，教师应集思广益，就地取材，尽量多地利用实物、实验、探究、参观等形式的教学，开展直观教学活动。

1.7 综合性原则

综合性原则是指开发课程资源时应尽可能整合现有的各种媒体资源，使其能在如多媒体、网络等技术条件下应用。另外，要将与化学课程紧密联系的工业生产原料、过程、产品、检测手段，化学现象的描述、原理、解释，新科技、新材料、新能源的开发、推广和普及，水资源、土壤的保护，人们关注的食品安全问题等内容，有计划、有侧重、有目的地加以收集、开发，适时渗透于化学教学过程中，这既可以满足学生的好奇心，又能使学生认识到化学的无处不在以及化学世界的丰富多彩。

2. 初中化学教学资源开发与利用的途径

2.1 公共媒体中化学教学资源的开发与利用

公共媒体中可供开发的化学教学资源，主要包括国内外新闻、自然灾害、人类的衣食住行、突发事件以及新发现、新发明等。

虽然新教材的内容覆盖面广，知识容量较大，具有普适性。但是在教学过程中，由于受到时间、空间、地域以及教学条件等因素的限制，且教材内容相对稳定，使用周期较长，不能及时更新，所以需要及时从广播、电视、报纸杂志、网络等大众传媒信息中，筛选、提取和补充与化学联系密切的内容。这样既能充实教学资源，又可以拓宽学生的视野，激发学生的学习热情和主动性，提高学生自觉利用科学知识分析问题和解决实际问题的能力。

刊物登载的文章一般新而深，所以教师应先读懂弄明，高度概括，然后再用通俗易懂的语言介绍给初中生。如《知识就是力量》2010年第8期的文章《英国氢燃料无污染汽车问世》提到："氢燃料汽车排出的是水而不是烟。"在教学中渗透相关信息，能使学生把氢气的性质与环保汽车的研发联系起来，激活学生的创造灵感。

《土豆也能充电》一文介绍的是以色列科学家的发明——把马铃薯切成方块捆起来，然后插入锌和铜特制的正负极，电池就做成了。这种马铃薯电池的寿命从几天到几个星期不等。马铃薯电池虽然在蓄电量上比不上锂离子电池，但它采用的是100%的环保技术，且对于缺乏发电设施的地方来说，马铃薯电池相当于一个随处可得的电

初中化学教师专业能力必修

Chu Zhong Hua Xue Jiao Shi Zhuan Ye Neng Li Bi Xiu

力来源。该文洋溢着节能环保、方便快捷、经济实用的时代气息，能激发学生的学习兴趣和实验验证的欲望，有利于学生实践能力的提高。

再如，《知识就是力量》2010年第11期，有一篇与分子运动有密切关联的文章《会迈步的蛋白质分子》，介绍了日本金泽大学安藤敏夫教授主持的科研组，利用原子显微镜拍下了一组蛋白质如迈步一般移动的照片，成功地同时捕捉到蛋白质的形态和动态，并通过拍摄细胞内负责运送物质的"肌球蛋白—V"这一蛋白质分子，推测它可能会"两条腿走路"。虽然该现象的机理并不清楚，但在教学过程中介绍这一科研成果，至少可以让学生明白"分子是不断运动的"是有真凭实据的。

2.2 公共事件中化学教学资源的开发与利用

2.2.1 水灾、火灾与车祸

（1）水灾

2010年1～8月份，我国有28个省、自治区、直辖市遭受洪涝灾害，农作物受灾1347.1万公顷，其中209万公顷绝收，受灾人口2亿人（次），因灾死亡1454人，失踪669人，倒塌房屋110万间，直接经济损失约2096亿元，水利工程水毁损失超过400亿元，较常年多出3倍。

这些骇人听闻的数字，不仅能让学生明白，如果水资源得不到合理的控制和利用，会对人们的生命和财产安全造成巨大危害，也能让他们学会用一分为二的辩证观点看问题。

（2）火灾

2010年上半年，全国共发生火灾73317起（不含森林、草原、军队、矿井地下部分火灾，下同），死亡656人，受伤271人，直接财产损失79290.7万元。这些触目惊心的数字，能引发发学生深思，并在教师指导下更加主动地探究燃烧的条件、灭火的原理和预防火灾的措施，自制灭火器，制订火灾逃生预案，并开展必要的防火实战演练。防火教育旨在确保学生防火得法，临危不惧，处置有方，逃生有效，使教材中"燃烧与灭火"内容得到延伸与升华。

煤矿爆炸事故频频发生，其罪魁祸首是瓦斯，瓦斯的主要化学成分是甲烷。在介绍了甲烷的存在形式、性质及其用途后，结合燃烧的条件，可以引导学生分析瓦斯爆炸必备的条件。

一是瓦斯的浓度。当空气中的瓦斯浓度达到5％～16％时，就达到爆炸浓度，也称爆炸极限。

二是一定的着火点。点燃某种物质所需的最低温度，称为着火点。在空气中瓦斯的着火点是650℃～750℃。明火、煤炭自燃、电气火花、炽热的金属表面、爆破等都能引起瓦斯爆炸。

三是氧气的浓度。氧气的作用是助燃，当空气中氧气的浓度超过12％时，瓦斯就能爆炸。这是最容易获得的条件，因为在正常通风的条件下，气流中氧气的浓度通常大于 20%。

在介绍了瓦斯爆炸的必备条件后，教师进而可以引导学生寻找预防瓦斯爆炸的方法。

（3）酒驾

近年来我国每年因交通事故死亡人数平均超过 7 万人，居世界第一。我国的道路交通安全形势非常严峻，统计数据表明，每 5 分钟就有一人丧身车轮，每 1 分钟都会有一人因交通事故而伤残。每年交通事故所造成的经济损失达数百亿元。交通事故居高不下，与酒后驾车有很大关系，如 2010 年，全国共查处醉驾达 8.7 万起。

在学生了解了酒精的主要成分及其性质后，教师可以趁热打铁，结合上述信息，向学生介绍酒精检测的方法与原理：

所用仪器：呼气式酒精检测仪。

变色原理：重铬酸钾（橙红色）可以被乙醇还原为硫酸铬（暗绿色）。

化学方程式：$3CH_3CH_2OH + 2K_2Cr_2O_7 + 8H_2SO_4 = 3CH_3COOH + 2Cr_2(SO_4)_3$（暗绿色）$+ 2K_2SO_4 + 11H_2O$。

利用上述反应可检测司机有没有酒后驾车。

最后，可引导学生讨论醉酒的危害。

2.2.2　毒品

毒品一般是指使人形成瘾癖的药物，主要包括吸毒者滥用的鸦片、海洛因、冰毒等，此外还包括具有严重依赖性的天然植物、烟、酒和溶剂等。有些毒品是可以天然获得的，如鸦片就是通过切割未成熟的罂粟果而直接提取的一种天然制品，但绝大部分毒品只能通过化学合成的方法取得。

毒品种类很多，从毒品的来源来看，可分为天然毒品、半合成毒品和合成毒品三大类。天然毒品是直接从毒品原植物中提取的毒品，如鸦片；半合成毒品是由天然毒品与化学物质合成而得，如海洛因；合成毒品是用化学方法有机合成出来的，如冰毒。从毒品对人体中枢神经的作用来看，可分为抑制剂、兴奋剂和致幻剂三类。抑制剂能抑制中枢神经系统，具有镇定和放松作用，如鸦片；兴奋剂能刺激中枢神经系统，使人产生兴奋感，如苯丙胺类；致幻剂能使人产生幻觉，导致自我歪曲和思维分裂，如麦司卡林。从毒品的自然属性来看，可分为麻醉药品和精神药品。麻醉药品是指对中枢神经有麻醉作用，连续使用易产生依赖性的药品，如鸦片；精神药品是指直接作用于中枢神经系统，使人兴奋或抑制兴奋，连续使用能产生依赖性的药品，如苯丙胺类。从毒品流行的时间顺序来看，可分为传统毒品和新型毒品。传统毒品一般指鸦片、海洛因等流行较早的毒品；新型毒品是相对传统毒品而言的，主要指冰毒、摇头丸等用化学方法人工合成的致幻剂、兴奋剂类毒品。

无论是对社会还是对个人来说，吸毒的危害性都是巨大的。吸毒对社会的危害，一是贻害家庭：家庭中一旦出现了吸毒者，家便不成其为家了。吸毒者在自我毁灭的同时，也破坏了自己的家庭，常使家庭陷入经济破产、亲属离散甚至家破人亡的困难境地。二是对社会生产力的巨大破坏：吸毒会导致身体疾病，影响生产，造成社会财富的巨大损失和浪费。三是扰乱社会治安：毒品的泛滥加剧诱发了各种违法犯罪活动，扰乱了社会治安，给社会安定带来巨大威胁。

吸毒对身心的危害，一是易导致生理依赖性。毒品作用于人体，将使人体机能产生适应性改变，形成在药物作用下的新的平衡状态。一旦停掉药物，生理机能就会紊乱，出现一系列严重不适反应，即戒断反应，使人感到非常痛苦。用药者为了避免戒断反应，就必须定时用药，并且不断加大剂量，这使吸毒者终日离不开毒品。二是会导致严重的精神依赖性。毒品进入人体后作用于人的神经系统，会使吸毒者出现一种渴求用药的强烈欲望，驱使吸毒者不顾一切去寻求和使用毒品。一旦出现精神依赖后，即使经过脱毒治疗，在急性期戒断反应得到基本控制后，要完全康复往往需要数月甚至数年的时间。更严重的是，对毒品的依赖性难以消除，这是世界医学界尚待解决的难题。三是破坏人体的生理机能。我国目前流行最广、危害最严重的毒品是海洛因。在正常人的脑内和体内的一些器官，存在着内源性阿片肽和阿片受体。在正常情况下，内源性阿片肽作用于阿片受体，调节着人的情绪和行为。人在吸食毒品后，有害物质抑制了内源性阿片肽的生成，使人体机能逐渐形成在毒品作用下的平衡状态，一旦停用就会出现不安、焦虑、忽冷忽热、流泪、流涕、出汗、恶心、呕吐、腹痛、腹泻等生理机能失调症状，进而毁坏人的神经中枢。

应让学生认识到，从某种意义上说，吸毒比战争、地震、水灾、瘟疫等灾害更可怕，更残酷，更具毁灭性。自然灾害只能夺去人的生命，而吸毒不仅能夺去人的肉体，扼杀人的生命，它还能使人精神颓废，道德沦丧，使人类文明丧失殆尽。选择毒品，意味着选择通往地狱之路。生命只有一次，珍爱生命，必须拒绝毒品。现实中，一些人由于对毒品的无知和好奇，或对毒品的危害性认识不足，由尝试开始，逐渐成为不能自拔的瘾君子，最终为毒品所吞噬。一旦染上毒品，极难戒掉，所以必须教育学生自觉远离毒品！

2.3 饮食和环保中的教学资源的开发与利用

只要用心，就会挖掘出很多化学教学资源，如火锅店里用的固体酒精的主要成分是什么；人们预防治疗疾病的药物的主要化学成分是什么，为什么不能随意乱用药物；人们购买衣服及床上用品时，需要掌握哪些检验纤维类别的简单方法；厨房中的油、盐、酱、醋、碱面、料酒、味精等，都含有哪些化学物质，含碘盐中的"碘"指的是什么；洗涤用品中的洗洁精、洗衣粉、香皂、肥皂、洗头膏、护发素等，显酸性、碱性还是中性，如何测定它们的 pH，这些都是身边的化学教学资源。现列举几例以供参考。

2.3.1 营养与化学

营养是指人体通过摄取外界各种食物，并通过消耗和新陈代谢以维持机体的生长、发育和各种生理功能的生物学过程。

营养素是指食物中能够被人体消化、吸收和利用的有机物质和无机物质。凡是能维持人体健康以及提供生长、发育和劳动所需要的各种物质均可称为营养素。现代医学研究表明，人体所需的营养素不下百种，这些营养素大体上可概括为六大必需营养素：蛋白质、脂肪、碳水化合物、矿物质（无机盐）、维生素、膳食纤维。健康的继续是营养，营养的继续是生命。不论男女老幼，皆为生而食，为了延续生命的存在，必须摄取有益于身体健康的食物。无论是哪种营养素，和化学都是分不开的。

蛋白质是维持生命不可缺少的物质。人体组织、器官由细胞构成，细胞结构的主要成分为蛋白质。机体的生长、组织的修复、各种酶和激素对体内生化反应的调节、抵御疾病的抗体的组成、维持渗透压、传递遗传信息，无一不是蛋白质在起作用。

脂肪是储存和供给能量的主要营养素。每克脂肪所提供的热能为同等重量碳水化合物或蛋白质的 2 倍。机体细胞膜、神经组织、激素的构成均离不开它。脂肪还起保暖隔热，支持保护内脏、关节等组织，促进脂溶性维生素吸收的作用。动物和植物来源的脂肪均为人体之必需，应搭配提供。每日脂肪供热应占总热卡的 20%～25%。脂类在化学组成和结构上有很大差异，但都有一个共同特性，即不溶于水而易溶于乙醚等非极性溶剂。

碳水化合物是为生命活动提供能源的主要营养素，它广泛存在于米、面、薯类、豆类、各种杂粮等人类最重要、最经济的食物。这类食物每日提供的热量应占总热量的 60%～65%。任何碳水化合物到体内经生化反应最终均分解为糖，因此亦称之为糖类。除供能外，碳水化合物还促进其他营养素的代谢，与蛋白质、脂肪结合成糖蛋白、糖脂，组成抗体、酶、激素、细胞膜、神经组织、核糖核酸等具有重要功能的物质。纤维素是不被消化的碳水化合物，但其作用不可忽视。纤维素分水溶性和非水溶性两类。非水溶性纤维素不被人体消化吸收，只停留在肠道内，可刺激消化液的产生和促进肠道蠕动，并吸收水分以利于排便，对肠道菌群的建立也起有利作用；水溶性纤维素可以进入血液循环，降低血浆胆固醇水平，改善血糖生成反应，影响营养素的吸收速度和部位。水果、蔬菜、谷类、豆类均含较多纤维素。

维生素对维持人体的生长发育和生理功能起重要作用。维生素可分两类，一类为水溶性维生素，包括维生素 B 族、维生素 C 等，这一类占大多数，它们不在体内储存，需每日从食物中摄取，由于代谢快不易中毒；另一类是脂溶性维生素，可在人的肝脏中贮存。维生素 A、D、B、C、E、K，叶酸……各司其职，缺一不可，有助于人体对抗癌物质的吸收。

矿物质是人体的主要组成物质，碳、氢、氧、氮约占人体重总量的 96%，钙、磷、钾、钠、氯、镁、硫占 3.95%，其他微量元素共 41 种，如常为人们所提到的有铁、锌、铜、硒、碘等。每种元素均有其重要的、独特的、不可替代的作用，各元素间又有密切相关的联系。矿物质虽不供能，但有重要的生理功能。

初 中化学教师专业能力必修

Chu Zhong Hua Xue Jiao Shi Zhuan Ye Neng Li Bi Xiu

从化学角度定义，膳食纤维即植物的非淀粉多糖加木质素。膳食纤维可分为可溶性膳食纤维和非可溶性膳食纤维。前者包括部分半纤维素、果胶和树胶等，后者包括纤维素、木质素等。其中苹果胶原作为一种天然大分子水溶性膳食纤维，具有强力吸附、排除人体"辐射物（正电荷物质）"的作用，是人体必需的营养平衡素。这种膳食纤维具有独特的分子结构，不能被人体直接消化，使得膳食纤维可以自然吸附人体难以自我代谢的有害物质，并将其排出体外，从而达到营养平衡。

2.3.2　饮食与化学

以"蒸鸡蛋羹与物质的溶解度"为例。

鸡蛋羹的制作流程：

准备盐水：在碗中放进适量食盐及少量的开水后用筷子搅拌使其溶解，待用。用温水或开水都可以，但不能用凉水。

搅匀蛋液：用筷子轻轻搅拌蛋液至均匀。

兑制蛋液：加入适量的温开水，加水量通常在蛋液体积的 2～4 倍。忌加烫开水，否则蛋液会被冲成蛋花，也不能加凉水。

蒸制：把兑制好蛋液的碗放进盛水的锅内，隔水蒸，水开后 5～10 min 即可。

操作原理：

事先用少量的开水溶解食盐的原因是：若把食盐直接放进未兑水的蛋液中，将不易溶解，蒸好的蛋羹将上淡下咸，甚至在底部出现完全没有溶解的食盐。

为什么要轻轻搅拌而且不能长时间搅拌？因为搅拌过猛或长时间搅拌都会使蛋液中混入更多的空气，让蛋羹产生明显的"蜂窝眼"。

为什么不能用凉水兑制蛋液？因为凉水中含有不少气体（空气）、自来水中的氯气（自来水通常用氯气消毒杀菌）等，这些气体将使蛋羹产生"蜂窝眼"，而且氯气不利于健康。

为什么水开后只蒸 5～10 min？时间太短，蛋白质不能凝固，无法形成蛋羹；时间太长，则会产生"蜂窝眼"，甚至水、蛋分离。

物质的溶解度受溶质和溶剂（均可以是气体、液体或固体）的种类以及温度、大气压强的影响。

气体溶于液体的溶解度随温度的增高而减小。这是因为温度升高时，气体分子运动速率加快，容易逸出水面。另外，气体的溶解度随大气压强的增大而显著增大，这与液体和固体的溶解度受大气压强的影响很小不同。

2.3.3　烹调与化学

用铝制炊具烹调时，会有一定量的铝进入菜肴中，使食物中的铝含量增加。铝的有毒形态是 Al^{3+}，这种铝离子可破坏人的中枢神经系统。另外，铝在体内能干扰磷的代谢，最终导致骨软化症。

烹调过程中，过多的油会在高温下挥发，形成油分子散发在空气中，这对呼吸道的影响比较大；高温会促进苯并芘的形成，这种物质有致癌作用，对肺的影响最大；在油脂的消化过程中很容易产生自由基，这种自由基可损伤人体细胞，使人易衰老；多余的油脂则会形成胆固醇，提高血液的黏度，成为日后高血脂、冠心病等心血管疾病的祸根；油脂代谢过程中的脂肪酸可以和钙结合，所以过多地食用油脂还有潜在的危险——缺钙。

人体缺乏食盐会出现头痛、倦怠、恶心、呕吐、食欲不振、全身无力等生理症状。但食盐摄入过多，也会引起各种各样的疾病。高盐饮食，易引起高血压，还可能使胃黏膜受损，增加胃溃疡、胃炎等胃部疾病的发病率，加重哮喘以及其他呼吸道疾病。健康的成年人每天摄入 6 g 食盐，即可满足机体的需求。如果食用的酱油、盐腌食品比较多，就要相应减少食盐的摄入量。

2.3.4　食品添加剂与化学

在食品制备和加工的过程中，为了改善食品的品质与风味、增加营养成分以及防腐而加入食品中的物质统称为食品添加剂。食品添加剂基本分为四类：维持、增加食品营养性能类（食品改良剂、食品强化剂），增加食品保存时间、加强稳定性类（防腐剂、杀菌剂、抗氧化剂），改善食品色、香、味或形体类（漂白剂、保色剂、着色剂、酸味剂、香味剂、膨胀剂、增稠剂），辅助食品加工类（结着剂、抗结剂、凝固剂、乳化剂、溶剂等）。其中抗氧化剂有些是有毒的，如生育酚；烟熏剂在食品烟熏过程中会释放出多芳烃，如致癌物苯并芘。

面粉是一日三餐的主食之一。不少消费者在选购面粉时，往往看是否白、精、细，而色泽特白的面粉极有可能超量添加了增白剂。面粉的色泽主要来自面粉中所含的叶黄素、胡萝卜素等物质。人工合成的增白剂（过氧化苯甲酰）可破坏呈黄色的叶黄素、胡萝卜素，并降低面粉中的维生素 A、维生素 E、维生素 B_1 和维生素 B_2 等的含量，使面粉损失一定的营养成分。另外，过氧化苯甲酰的分解产物为苯甲酸，长期食用苯甲酸会破坏人的肝脏功能。

更严重的是，有的面粉中添加了吊白块，即二水甲醛合次硫酸氢钠 $NaHSO_2 \cdot CH_2O \cdot 2H_2O$。吊白块是一种致癌物质，对人体的肝脏和肾脏有严重损害，一次性食用剂量达到 10 g 的，就会有生命危险。

2.3.5　环境保护与化学

化学已成为材料科学、生命科学、环境科学和能源科学的重要基础，是推进现代社会文明和科学技术进步的重要力量，并正在为解决人类面临的一系列危机，如能源危机、环境危机和粮食危机等作出积极的贡献。化学贯穿于人类活动的方方面面，与能源、资源、信息、环境和生命等问题紧密相连。应该教导学生从化学角度去认识科学、技术、社会和生活方面的有关问题，懂得运用化学方法保护环境，唤起学生保护环境的危机感、紧迫感和责任感。

（1）大气中的主要污染物

讲授空气的组成、性质和用途时，可适时穿插大气污染及其防治等相关内容。

①颗粒物

颗粒物是漂浮在大气中的固体或液体微粒，主要来源是燃料的燃烧、采矿、金属冶炼、爆破、固体粉碎加工的过程以及火山爆发、风沙、海水喷溅等自然过程。

②硫氧化物

大气中的硫氧化物主要是二氧化硫及少量的三氧化硫、硫酸、硫酸盐颗粒。硫氧化物主要来自含硫燃料的燃烧、金属冶炼、石油化工生产和火山爆发等。

③氮氧化物

污染环境的氮氧化物主要是一氧化氮和二氧化氮，它们主要来自燃料的燃烧以及生产和使用硝酸的工厂排放的废气。汽车、飞机排出的尾气中也有高浓度的氮氧化物。

④碳氧化物

人们常提及的碳氧化物主要是指一氧化碳和二氧化碳。一氧化碳主要来自燃料的不完全燃烧，其中约80%来自汽车尾气的排放。二氧化碳在自然界中广泛存在。生物的呼吸作用和化石燃料的燃烧是大气中二氧化碳的主要来源。

⑤酸雨

煤、石油等矿物燃料燃烧时，排放出大量二氧化硫、二氧化氮等气体。这些气体与水反应生成硫酸、硝酸，并随着降雨落到地面，就形成了酸雨。

（2）大气污染的防治

①合理安排工业布局和城镇功能分区。应结合城镇规划，全面考虑工业的合理布局。工业区一般应配置在城市的边缘或郊区，位置应当在当地最大频率风向的下风侧，以保证废气吹向居住区的次数最少。居住区不得修建有害工业企业。

②加强绿化。植物除美化环境外，还具有调节气候以及阻挡、滤除和吸附灰尘，吸收大气中的有害气体等功能。

③加强对居住区内局部污染源的管理。如餐馆的烟囱、废品堆放处、垃圾箱等均可散发有害气体污染大气，并影响室内空气，卫生部门应与有关部门配合，加强管理。

④控制燃煤污染。一是采用原煤脱硫技术，这可以除去燃煤中大约40%～60%的无机硫。或者优先使用低硫燃料，如含硫较低的低硫煤和天然气等。二是改进燃煤技术，减少燃煤过程中二氧化硫和氮氧化物的排放量。三是开发新能源，如太阳能、风能、核能、可燃冰等，但是目前技术还不够成熟，某些新能源如核能若使用不慎会造成新污染，且费用高昂。

⑤区域集中供暖供热。应鼓励设立大的电热厂和供热站，实行区域集中供暖供热。要注意的是，应将热电厂、供热站设在郊外。这对于矮烟囱密集、冬天必须供暖的北方城市来说，是消除烟尘的十分有效的措施。

⑥积极治理交通运输工具所排放的废气。减少汽车废气排放，主要是改进发动机

的燃烧设计和提高油气的燃烧效率。解决汽车尾气排放问题的办法主要是安装催化转化器，使燃料充分燃烧，减少有害物质的排放。催化转化器中的催化剂多用高温多孔陶瓷作载体，上面所涂的微细分散的钯和铂，可将二氧化氮和一氧化碳等有害气体转化为氮气、水和二氧化碳等无害物质。另外，也可以开发新型燃料，如甲醇、乙醇等含氧有机物、植物油和气体燃料，降低汽车尾气污染排放量。

2.3.6　水污染及其防治

（1）水污染的来源

城市污水是来自家庭、商业机构和城市公用设施及城市径流的污水。新鲜的城市污水渐渐腐化并出现厌氧降解反应，最终产生硫化氢、硫醇、吲哚和粪臭素，使水体具有恶臭味。生活污水的成分99％为水，固体杂质不到1％，大多为无毒物质，其中无机盐有氰化物、硫酸盐、磷酸盐、铵盐、亚硝酸盐、硝酸盐等；有机物质有纤维素、淀粉、糖类、脂肪、蛋白质和尿素等；另外还有各种洗涤剂和微量金属，后者如锌、铜、铬、锰、镍和铅等。生活污水中还含有大量的杂菌，主要为大肠菌群。生活污水中氮和磷的含量比较高，主要来自于商业污水、城市地面径流和粪便、洗涤剂等。

在农村地区，由于自来水普及程度不高，生活污水处理系统建设滞后，大部分生活污水都未经处理而进入河流、湖泊，直接造成水体污染。其中主要是洗涤物污染和人畜粪便污染。污水中的主要污染物氮、磷等富营养物质和COD含量较高，导致农村地表水呈现不同程度的富营养化现象。

随着现代农业的发展，农村使用的农药、化肥量日益增多，在喷洒农药和除草剂以及使用化肥的过程中，只有少量施用物附着于农作物上，而大部分将残留在土壤中，并通过降雨和地面径流的冲刷而进入地表水和地下水中，造成严重的水体污染。

在工业生产中，热交换、产品输送、产品清洗与生产等过程均会产生大量废水。产生工业废水的工业主要有初级金属加工、食品加工、纺织、造纸、冶炼、化学行业。工业废水排放的主要污染物有酚、氰、重金属、石油类、酸碱盐类和各种有机物等。

（2）水污染的危害

①危害人的健康

水体被污染后，通过饮水或食物链，污染物进入人体，使人急性或慢性中毒。砷、铬、铵类等还可诱发癌症。被寄生虫、病毒或其他致病菌污染的水，会引起多种传染病和寄生虫病。被重金属污染的水，对人的健康危害甚大。如被镉污染的水、食物，人饮食后，会造成肾、骨骼病变；摄入硫酸镉20毫克，就会造成死亡。铅造成的中毒，会引起贫血、神经错乱。六价铬有很大毒性，会引起皮肤溃疡，还有致癌作用。饮用含砷的水，将引发急性或慢性中毒，使许多酶受到抑制或失去活性，造成机体代谢障碍，皮肤角质化，导致皮肤癌。有机磷农药会造成神经中毒，有机氯农药会在脂肪中蓄积，对人和动物的内分泌、免疫功能、生殖机能均造成危害。稠环芳烃具有致癌作用。氰化物也是剧毒物质，其进入血液后，能与细胞的色素氧化酶结合，使呼吸

初 中化学教师专业能力必修　Chu Zhong Hua Xue Jiao Shi Zhuan Ye Neng Li Bi Xiu

中断，造成呼吸衰竭，直至窒息死亡。

②对工农业生产的危害

水体被污染后，企业用水必须投入更多的处理费用，这将造成资源、能源的浪费。食品工业用水要求更为严格，水质不合格，会使生产停顿。这也是有些工业企业效益不好、产品质量不高的原因之一。农业使用污水，将使作物减产，品质降低，甚至使人畜受害，但主要的还是导致农田遭受长期污染，降低土壤质量。海洋污染的后果也十分严重，如石油污染会造成海鸟和海洋生物的大量死亡。

③水质富营养化的危害

在正常情况下，氧在水中有一定溶解度。溶解氧不仅是水生生物得以生存的条件，而且氧溶于水并参加水中的各种氧化还原反应，能促进污染物的转化与降解，这是天然水体具有自净能力的重要原因。含有大量氮、磷、钾的生活污水的排放，将使大量有机物在水中降解并释放出营养元素，促进水中藻类丛生，植物疯长，使水体通气不良、含氧量下降，甚至出现无氧层。这将导致水生植物大量死亡，水面发黑，水体发臭而形成"死湖""死河""死海"。这种现象称为水的富营养化。富营养化的水臭味大、颜色深、细菌多，水质差，不能直接利用。

（3）水污染的治理措施

①加强宣传

要加强宣传，使人们认识到水资源是人类共有的，每个人都有充分利用水资源的权利，也有保护水资源不受污染的责任和义务。

②清洁生产

应大力推行清洁生产，从源头削减污染。实施清洁生产可以大大提高资源利用率，减少废物排放量，不仅可以获得环境效益，还可以因为降低成本而获得经济效益。

③加强对生活污水的处理

对于生活污水的防治，有效的措施是加强废水处理厂的建设，并采取有效措施确保废水厂的正常运行；因地制宜，选用高效低耗、适合于我国国情的废水处理技术，合理地规划排水系统，特别注意采用可以回收利用能源、资源的处理技术和天然生态系统。另外，应大力提高处理后废水的再利用率。再生的废水可用作工业冷却水、农业灌溉水、市政用水等。废水的再利用，既能缓解水资源短缺的矛盾，又能减轻对水资源的污染。

④采取有效措施，防止农业污染

应大力研究开发和施用高效、易降解的无公害和无污染的农药、化肥，大力发展生态农业。生态农业是实现我国农业生产、农业经济与资源环境协调发展的成功模式。诸如控制水土、有机质流失和土壤污染，推广高效、实用的节水灌溉技术等措施都属于生态农业的范畴。

2.3.7　土壤污染及其防治

近年来，由于人口的增长和工业的迅猛发展，固体废物不断在土壤表面堆积，有害废水不断向土壤中渗透，大气中的有害气体及飘尘也不断随雨水降落在土壤中，这种种原因导致了土壤污染。凡是有损土壤的正常功能，从而降低作物的产量和质量或者通过粮食、蔬菜、水果等间接影响人体健康的物质，都叫土壤污染物。

人为活动产生的土壤污染物进入土壤并积累到一定程度，引起土壤质量恶化，并进而造成农作物中某些指标超过国家标准的现象，称为土壤污染。污染物进入土壤的途径是多样的，如废气中含有的污染物质，特别是颗粒物，在重力作用下沉降到地面进入土壤；废水所携带的大量污染物渗入土壤；固体废物中的污染物直接进入土壤或其渗出液进入土壤。其中最主要的是污水灌溉带来的土壤污染。农药、化肥的大量使用，造成土壤有机质含量下降，土壤板结，这也是土壤污染的原因之一。土壤污染除导致土壤质量下降、农作物产量和品质下降外，更为严重的是土壤对污染物具有富集作用，一些毒性大的污染物，如汞、镉等富集到作物果实中，可导致人或牲畜食用后中毒。

为了控制和消除土壤污染，首先要控制和消除土壤污染源，加强对工业"三废"的治理，合理施用化肥和农药。同时还要采取防治措施，如针对土壤污染物的种类，种植有较强吸收力的植物，降低有毒物质的含量（例如羊齿类铁角蕨属的植物能吸收土壤中的重金属）；通过生物降解净化土壤（例如蚯蚓能降解农药、重金属等）；施加抑制剂改变污染物质在土壤中的迁移转化方向，减少作物的吸收（例如施用石灰），提高土壤的pH，促使镉、汞、铜、锌等形成氢氧化物沉淀。此外，还可以通过增施有机肥、改变耕作制度、换土、深翻等手段来治理土壤污染。

（1）土壤污染物的来源

土壤的污染，一般是通过大气与水污染的转化而产生，它们可以单独起作用，也可以相互重叠和交叉进行，属于点污染的一类。随着农业现代化，特别是农业化学化水平的提高，大量化学肥料及农药散落到环境中，致使土壤遭受非点污染的频率越来越高，程度也越来越严重。在水土流失和风蚀作用等的影响下，土壤污染面积不断扩大。根据污染物质的性质不同，土壤污染物分为无机物和有机物两类：无机物主要有汞、铬、铅、铜、锌等重金属和砷、硒等非金属；有机物主要有酚、有机农药、油类、苯并芘类和洗涤剂类等。以上这些化学污染物主要是由污水、废气、固体废物、农药和化肥带进土壤并积累起来的。

①污水灌溉

生活污水和工业废水中，含有氮、磷、钾等许多植物所需要的养分，所以合理地使用污水灌溉农田，一般有增产效果。但污水中还含有重金属、酚、氰化物等许多有毒有害的物质，如果污水没有经过必要的处理而直接用于农田灌溉，会将污水中有毒有害的物质带至农田，污染土壤。例如冶炼、电镀、燃料、汞化物等工业废水能引起镉、汞、铬、铜等重金属污染；石油化工、肥料、农药等工业废水会引起酚、三氯乙醛等有机物的污染。

初 中化学教师专业能力必修 Chu Zhong Hua Xue Jiao Shi Zhuan Ye Neng Li Bi Xiu

②大气污染

大气中的有害气体主要是工业中排出的有毒废气，它的污染面大，会对土壤造成严重污染。工业废气的污染大致分为两类：气体污染，如二氧化硫、氟化物、臭氧、氮氧化物、碳氢化合物等；气溶胶污染，如粉尘、烟尘等固体粒子及雾气等液体粒子，它们通过沉降或降水进入土壤，造成污染。例如，有色金属冶炼厂排出的废气中含有铬、铅、铜、镉等重金属，沉降后会对附近的土壤造成污染；生产磷肥、氟化物的工厂会对附近的土壤造成粉尘污染和氟污染。

③化肥

施用化肥是农业增产的重要措施，但不合理的使用，也会引起土壤污染。长期大量使用氮肥，会破坏土壤结构，造成土壤的板结和生物学性质恶化，影响农作物的产量和质量。过量地使用硝态氮肥，会使饲料作物含有过多的硝酸盐。

④农药

农药能防治病、虫、草害，如果使用得当，可保证作物的增产，但它同时也是一类危害性很大的土壤污染物，施用不当，会引起土壤污染。喷施于作物体上的农药（粉剂、水剂、乳液等），除部分被植物吸收或逸入大气外，约有一半左右散落于农田，这一部分农药与直接施用于田间的农药（如拌种消毒剂、地下害虫熏蒸剂和杀虫剂等）构成农田土壤中农药的基本来源。农作物从土壤中吸收农药，而农药在作物的根、茎、叶、果实和种子中积累，最终将危害人类和牲畜的健康。此外，农药在杀虫、防病的同时，也使有益于农业的微生物、昆虫、鸟类遭到伤害，破坏了生态系统，使农业生产遭受间接损失。

⑤固体废物

固体废物是土壤污染物的主要来源之一。例如，各种农用塑料薄膜作为大棚、地膜覆盖物被广泛使用，但如果管理、回收不善，大量残膜碎片散落田间，会造成农田"白色污染"。这样的固体污染物既不易蒸发、挥发，也不易被土壤微生物分解，是一种长期滞留土壤的污染物。

（2）土壤污染的防治

①科学地进行污水灌溉

废水种类繁多，成分复杂，有些工厂排出的废水可能是无害的，但与其他工厂排出的废水混合后，就会变成有毒的污水。因此在利用污水灌溉农田之前，应按照《农田灌溉水质标准》的要求进行净化处理，这样既利用了污水，又避免了对土壤的污染。

②合理使用农药

合理使用农药，这不仅可以减少对土壤的污染，还能经济有效地消灭病、虫、草害，发挥农药的积极效能。在生产中，不仅要控制化学农药的用量、使用范围、喷施次数和喷施时间，提高喷洒技术，还要改进农药剂型，严格限制剧毒、高残留农药的使用，重视低毒、低残留农药的开发与生产。

③合理施用化肥

应根据土壤的特性、气候状况和农作物的生长发育特点来配方施肥，严格控制有毒化肥的使用范围和用量。增施有机肥，提高土壤有机质含量，可增强土壤胶体对重金属和农药的吸附能力。如褐腐酸能吸收和溶解三氯杂苯除草剂及某些农药，腐殖质能促进镉的沉淀等。同时，增加有机肥还可以改善土壤微生物的流动条件，加速生物降解过程。

④施用化学改良剂

在受重金属轻度污染的土壤中施用抑制剂，可将重金属转化成难溶的化合物，减少农作物的吸收。常用的抑制剂有石灰、碱性磷酸盐、碳酸盐和硫化物等。例如，在受镉污染的酸性、微酸性土壤中施用石灰或碱性炉灰等，可以使活性镉转化为碳酸盐或氢氧化物等难溶物，改良效果显著。

2.4　工业生产中教学资源的开发与利用

2.4.1　白酒酿造工艺的教学资源开发与利用案例

【资源内容】

（1）原料处理

预处理：采用优质高粱为酿酒原料，要求颗粒饱满，无霉变，杂质少，水分在 13％以下。进厂后先进行除杂处理，然后贮存。

脱壳粉碎：将高粱脱壳除帽后用对辊磨进行粉碎，工艺要求粉碎 6～8 瓣，整粒 1％以下，粉面不超过 20％。粉碎的目的是使高粱在蒸煮时容易糊化，并增加粮粉与大曲的接触面，为糖化发酵创造良好条件。

图 2-1　润料后堆积

润料：润料是生产工艺中比较关键的环节，直接影响出酒率和酒的质量，润料水温应在 85℃以上，冬季要高一些，要求润透无干茬，不淋浆，手搓成面，无疙瘩。润料后要堆积 20 h 左右，堆积温度可达 45℃。

（2）糊化

糊化是利用水蒸气热能，使淀粉颗粒吸水膨胀破裂，以便淀粉酶产生作用，同时杀死原料中的杂菌，去除有害物质。蒸料单独进行，蒸煮糊化 70 min 左右。要求原料糊化透彻，熟而不黏，内无生芯。

在液体状态下，当温度在 70℃左右时，淀粉颗粒已膨胀到原体积的 50～100 倍时，各分子之间的吸引力已经被削弱而直至淀粉颗粒解体，形成均一的黏稠体，这时的温度称为糊化温度，这种淀粉无限膨胀的现象称为糊化。经糊化的淀粉颗粒的结构，由原来的有规则的结晶层状结构变为网状的非结晶结构（由三级结构退回二级结构）。

淀粉的糊化过程是吸热过程，而膨胀过程是放热过程。

（3）出缸拌醅

第一次操作：首先把场地打扫干净，在场地上薄撒一层稻皮，将原料、稻皮按比例配料。

第二次操作：出缸前必须把缸上的杂物清理干净，特别是要将发霉的酒醅清净。出缸时，应先用席盖住左右两侧的发酵区。

配料的要求：

①拌料前原料要均分成三堆，配醅量要准；

②拌料时要轻，不得高扬，拌料要快，防止酒精分解和香味成分挥发；

③拌料操作要搂堆两次，打碎疙瘩；

④配料时酒醅、原料、辅料要调拌均匀，然后将料拍紧，上面盖上一层稻皮，再盖上一层塑料布，以抑制酒精挥发；

⑤酒醅离开甑桶一定距离，以免受热挥发。

（4）入缸发酵

加浆：将出甑的粮醅放置晾床头部，视干湿状况加浆。加浆是为了补充一定量的新鲜水分，满足菌体生长繁殖的需要。加热浆可防止或延缓淀粉老化，有利于淀粉膨胀吸收水分，减少粮醅表面的浮水，促进酶对淀粉的糖化作用。

吹风降温：上帘子前必须将粮醅翻倒一遍，以便使加浆水均匀渗入。上晾床的粮醅薄厚要求一致，摊开后开始吹风降温，待温度降至适宜温度时加曲入缸。

加曲：曲按工艺要求分堆，用预先降到适宜温度的新鲜粮醅和适量水拌曲，再均匀撒入。

入缸：入缸发酵的粮醅温度、水分、酸度、淀粉料必须达到入缸条件。

封缸：封缸要求整个缸帽高度适中，每个缸踩紧，抹平，用塑料布封严，盖上麻袋、席子保温。

发酵：固态白酒的典型特点是糖化和发酵同时进行。

图2—2 蒸馏设备

发酵过程中，微生物通过自身的新陈代谢活动，使原料发生了一系列的生化反应，生成新的物质。

（5）蒸馏操作

"产香靠发酵，提香靠蒸馏。"蒸馏在白酒生产的过程中是非常重要的环节，对生产白酒的数量和质量都有很大的影响。

蒸馏操作的目的是使低沸点杂味物质尽量排出，减少有益香味成分的挥发，避免带入过多的高沸点物质，使酒味不醇和。

蒸馏的概念及原理：

蒸馏是利用液体混合物中各种物质挥发性不同而分离混合物的方法。不论哪种物质，温度升高到一定程度，都会变成气态，所不同的是，使不同物质变成气态的温度有高有低。控制混合物的温度，可以使各种物质按照一定的顺序挥发，之后将挥发出来的蒸汽再冷却成液体，就完成了蒸馏的过程。在白酒生产过程中，混合物不是液体，而是含有一定水分和酒精成分的酒醅，水和酒精的挥发特性不会改变。所以，将酒醅用蒸汽加热，使酒醅当中的酒精及其他成分挥发出来，然后经过冷凝器的冷却，就得到了白酒。

```
                      白酒蒸馏过程示意图
     酒醅→拌醅→装甑→酒蒸汽→冷凝器→流酒（冷凝）
            ↑     ↑            ↑
     稻皮→清蒸  底锅←汽圈←蒸汽 冷水
```

【教学活动设计】

（1）原料的破碎、糊化

先用粉碎机或小磨，将高粱粒破碎为七或八瓣，用托盘天平准确称量 300 g 放入较大的盆中。然后取 190 mL 刚烧开的水，倒入盆中的高粱颗粒上，边倒水边用筷子搅拌均匀。然后用合适的盖子把盆盖严，放置 24 h。目的主要是使高粱颗粒进一步吸水、膨胀、破裂、糊化，以利于淀粉酶发挥作用；同时在较高温度下，原辅料也得以灭菌。

（2）浸泡酵母

用托盘天平称量 7.5 g 干酵母放于碗中，然后加入 30℃的温水 20 mL，用筷子搅拌均匀后，放置 40 min 以上，备用。

（3）发酵

向盆中依次加入 30 mL 糖化酶、浸泡好的酵母液和 60 g 麦麸，用筷子搅拌均匀，然后将其倒入一个洁净的容积合适的大玻璃瓶子中并压实，最后把编号放入没有孔的干净白色塑料袋内，用该塑料袋密封瓶口。厌氧发酵 30～40 天。

试验均在同温同压条件下发酵，从 2011 年 11 月 5 日开始至 12 月 14 日时间段监测。放在室内，放上温度计，不定期记录温度，如下表：

日期	11 月 5 日	10 日	18 日	22 日	25 日	28 日	12 月 6 日	14 日
时间	7：00	16：30	20：00	16：40	13：00	1：00	15：00	12：30
温度	17℃	18℃	19℃	20℃	24℃	19℃	20℃	22℃

发酵期间最高温度为 24℃，最低温度为 17℃。发酵时间 40 天。温度越高，需要的发酵时间越短。

（4）蒸馏（略）

对比（四组）实验表：

编号	1号	2号	3号	4号	发酵时间（天）
投粮（g）	250	250	250	300	40
加水（mL）	200	210	200	210	40
糖化酶（mL）	12.5	25	37.5	30	40
干酵母（g）	6.25	5.5	7.5	7.5	40
麦麸（g）	50	55	62.5	60	40
发酵温度（℃）	17~24	17~24	17~24	17~24	约 20
酒精度（%）	8.6	9.5	9.4	10.2	

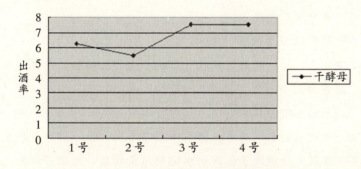

图 2—3 出酒率与干酵母的关系

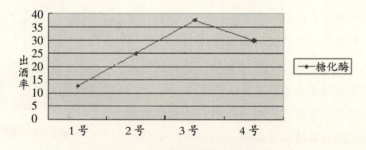

图 2—4 出酒率与糖化酶的关系

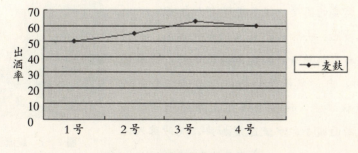

图 2—5 出酒率与麦麸的关系

组号	乙醛	甲醛	正丙醇	乙酸乙酯	异丁醇	异戊醇
3	7.64	3.51	4.06	10.59	10.02	16.31
4	3.34	1.45	5.36	12.23	16.93	17.93

综合上述试验统计表数据及折线图，可得出四条结论：

（1）糖化酶加入量对出酒率有影响，高粱质量（g）与酒化酶体积（mL）比为 100：10 最优。

（2）干酵母加入量对出酒率有影响，高粱与干酵母质量比为 100：2.2～100：2.5 较好。

（3）麦麸加入量对出酒率有影响，高粱与麦麸质量比为 100：20～100：22 较好。

（4）第四组试验出酒率最高，且白酒品质较高，正丙醇、异丁醇、乙酸乙酯、异戊醇的含量较高。该组高粱（g）：水（mL）：糖化酶（mL）：干酵母（g）：麦麸（g）比为 100：70：10：2.5：20，为最佳参考比例。

2.4.2 污水处理的教学资源开发与利用案例

【资源内容】

（1）冀州市污水处理厂概况

冀州市污水处理厂项目总投资 8123.6 万元，占地 33000 m²，采用浮动生化加人工湿地的组合处理工艺，设计日处理规模 3 万吨，主要接纳和处理冀州市城区生活污水和工业废水，服务面积 14 km²，服务人口 12 万。

经过该厂处理后的水质指标达到《污水综合排放指标》（GB189188－2002）一级A标准。经过综合处理后的水就近排放至冀午渠等市区水系，作为景观用水或者为企业提供用水服务，这极大地削减了排入衡水湖的污染物质，为国家级湿地保护区衡水湖的水污染防治和资源保护起到了积极的作用。

（2）污水处理工艺流程

各工序工艺设备、工作任务及其原理：

①格栅除污机：拦截污水中的大块污染物，防止大块污染物堵塞后续单元的机器或工艺管线。

格栅除污机的控制方式一般有三种：手动现场开停、定时开停、栅前后液位差控制。

图 2—6 提升泵

②提升泵站：1 号提升泵站将上游来水提升至后续处理单元所需要的高度，使其实现重力自流。

③旋流沉沙池：去除比重较大的无机颗粒。利用涡流，将泥沙与有机物分开，达到除沙的目的。旋流沉沙池呈圆形，内设桨板及挡板，与水流组合在一起，产生螺旋状漩流，使沙子沉下，并向池中心移动。随着水流断面减小，水流速度加快，沉沙落入池

图 2—7 旋流沉沙池

初中化学教师专业能力必修 Chu Zhong Hua Xue Jiao Shi Zhuan Ye Neng Li Bi Xiu

底的集沙斗，池底的沉沙由除沙机吸出，再由沙水分离器处理后打包外运至处置中心。

④初沉池：即平流式沉淀池，中心进水，周边出水，采用半桥式刮泥机。主要用作去除无机颗粒和部分有机物以及漂浮物等。

⑤生化池：采用的是浮动生化加人工湿地的处理工艺。

图2—8　生化池

主要通过曝气系统向曝气池中鼓入空气，供给微生物生长繁殖及分解有机污染物所必需的氧气，并起到混合搅拌作用，使活性污泥与有机污染物质充分接触。曝气池内悬浮大量肉眼可观察到的絮状污泥颗粒，叫活性污泥絮体。每个絮体内包埋着成千上万个活性微生物，是一个丰富多彩的微生物世界。污水中的污染物通过吸附、扩散、水解和代谢过程均被转移到了活性污泥絮体内，一部分被合成为新的细胞体或细胞内储存物质，另一部分则被分解成水、二氧化碳、硝酸盐和磷酸盐等无机物质。

⑥二沉池：二沉池采用辐流式沉淀池，中心进水，周边出水，能使泥水分离，混合液澄清。

⑦提升泵站：2号提升泵站分为中途提升泵站和出水泵站。中途提升泵站负责将二沉池的出水提升后送至湿地处理系统，超出湿地系统处理能力的水经溢流井进入下一个处理构筑物——加氯接触池。

⑧湿地：采用潜流构筑湿地技术。潜流构筑湿地系统是利用工程措施建立起来的，具有自然湿地性质，由水生植物、微生物、低等动物以及处于饱和状态的填料层所组成。潜流构筑湿地系统净化污水原理：一是利用长有植物根系的生物膜填料层对污水进行过滤、沉淀、吸附等物理作用；二是污染物与填料层多种形式的化学反应；三是植物对污水中的污染物的吸收；四是通过水生植物的导气组织向水体与填料层输送氧气，使填料层周围的多种微生物在厌氧、兼氧、好氧等复杂状态下降解。

⑨消毒：加氯杀菌机理非常简单，主要是氯气溶于水产生了次氯酸，它能扩散到带负电荷的细菌表面，并穿透细菌内部，氧化并破坏微生物外膜或酶的蛋白质的结构与功能，从而使微生物死亡。pH是影响消毒效果的一个重要因素，pH越低，消毒效果越好；温度对消毒效果也有很大影响，温度越高，消毒效果越好，其主要原因是温度升高能促进次氯酸向细胞内的扩散。

⑩出水泵站：整个污水处理厂的最后一个工艺构筑物，作用是将加氯接触池来水经提升泵提升后排放到外部水系。

2.5　高科技中教学资源的开发与利用

2.5.1　新材料

新材料指那些新近研发或正在研发之中的比传统材料性能更优的材料。目前，人类发现的新材料主要有记忆合金、超塑性合金、减震合金、贮氢合金、超导合金、铝锂合金、金属玻璃、玻璃钢、韧性陶瓷、透光陶瓷、导电陶瓷、高温陶瓷、生物陶瓷、气敏陶瓷、导电塑料、可降解塑料、智能塑料、芳纶纤维、光导纤维、激光材料、反渗透膜、纳米材料、相变储能材料、布基球、高吸水树脂等。化学元素周期表中已有90多种元素在各个领域中得到了应用。新材料的主要种类包括：智能材料、超导材料、新型金属、精细陶瓷、高分子材料、复合材料等。

（1）智能材料

智能材料也叫机敏材料或仿生材料，能把高科技传感器或敏感元件与传统结构材料和功能材料结合在一起，赋予材料崭新的性能，使无生命的材料变得似乎有了感觉和知觉，并具有自我感知和自我修复的功能。

智能材料的功能及其应用：

科学家已研制出能使桥梁、高大的建筑设施以及地下管道等"自诊"其健康状况，并"自行医治疾病"的材料。如美国的大学已开发出两种"自愈合"纤维，这两种纤维能分别感知混凝土的裂缝和钢筋腐蚀，并能自动黏合混凝土的裂缝或阻止钢筋的腐蚀。

在飞机研发领域，科学家研制出了具有特殊功能的智能材料。当飞机在飞行中遇到湍流或猛烈的逆风时，机翼中的智能材料能迅速变形，从而消除湍流或猛烈的逆风带来的影响，使飞机平稳飞行。

在医疗方面，科学家研制出了能根据人体内部状况释放适量药物的药物自动释放系统。日本东京已经推出一种能根据血液中的葡萄糖浓度的变化而扩张和收缩的聚合物。

形状记忆合金在一定温度下成形后，能"记住"自己的形状。当温度降到一定值以下时，记忆合金将发生相变，原因是其内部的原子排列方式发生变化，改变了它的形状；当温度升高到相对温度以上时，记忆合金会自动恢复到原来的形状。如金镉合金、铜锌合金等。

美国科学家使用中空纤维，并在纤维的中空部分填入一种可塑性固体物质，织成了一种有记忆力的衣料。这种衣料随温度的变化而变化，可冷可热。穿这种衣料做的衣服冬暖夏凉，并可以蒸发潮气，对身体有好处。

（2）超导材料

某物质在一定温度下电阻完全消失了，这种零电阻现象被称为超导现象。具有超导性的物质被称为超导材料。无论哪一种超导材料，只有当温度降低到一定数值时，才会发生超导现象。这个使正常电阻转变为零电阻的温度称为超导温度。

现在已相继发现28种金属元素或单质具有超导性，如锆、钼、铌等。超导化合物和超导合金则有几千种，如镧钡铜氧化物、铌锗合金等。

传统的发电原理是物质能量的多次转换，即化学能——热能——动能——电能，但这个过程能量损耗巨大，整个过程的发电效率约为40%。而使用超导磁流体发电，

初

中化学教师专业能力必修

Chu Zhong Hua Xue Jiao Shi Zhuan Ye Neng Li Bi Xiu

则省去了涡轮机，能使发电效率提高15%～20%。

超导体还能用于制造超导通信电缆，从而降低超导电缆的自重，节约材料，更主要的是超导通信电缆基本上没有信号的衰减，能准确传输远距离发来的信号。

2.5.2　新技术

目前，人类掌握的新技术有纳米技术、生物技术、深海技术、空间技术、等离子技术、膜分离技术、激光技术、基因工程技术、酶工程技术等。

（1）生物技术

现代生物技术是以生命科学为基础，利用生物的特性和功能设计、构建具有预期性能的新物质或新品系，以及与工程原理相结合，加工生产产品或提供服务的综合性技术。它包括对生物的遗传基因进行改造或重组，并使重组基因在细胞内发挥作用，产生人类需要的新物质的基因技术，如克隆技术；从简单普通的原料出发，设计最佳路线、选择适当的酶合成所需功能产品的生物分子工程技术；利用生物细胞大量加工、制造产品的生物生产技术，如发酵；将生物分子与电子、光学或机械系统综合起来，把生物分子捕获的信息放大、传递，转换成光、电或机械信息的生物耦合技术；在纳米尺度上研究生物大分子精细结构及其与功能的关系，并对其结构进行改造，利用它们组装分子设备的纳米生物技术；模拟生物或生物系统、组织、器官功能与结构的仿生技术，等等。

（2）膜分离技术

膜分离技术非常贴近我们的日常生活。如纯净水、果汁、牛奶、保健品、中药、茶食品、饮料、调味品等我们随时可能接触到的产品的制作，都会用到膜分离技术。膜分离技术的市场每年还在以10%～20%的幅度递增，显示出这一新兴产业的广阔前景。

膜在大自然中，特别是在生物体内广泛存在。由于膜分离技术本身具有优越性能，所以在能源紧张、资源短缺、生态环境恶化的今天，产业界和科技界都把膜工程技术视为21世纪工业技术改造中的一项极为重要的新技术。

膜分离工程是一种高效、环保的分离技术，是多学科交叉的高新技术。它在物理、化学和生物性质上可呈现出多种特性，具有以下特点：

①高效的分离过程；②低能耗；③工作温度接近室温；④品质稳定；⑤连续性操作；⑥灵活性强；⑦环保。

常用的膜分离过程：微滤、超滤、纳滤、反渗透等。

2.5.3　新能源

能源是国民经济发展的动力，也是衡量综合国力、国家文明发达程度和人民生活水平的重要指标。人类的能源需求正面临着巨大的挑战。因此，提高能源利用率和发展替代能源将成为21世纪人类社会可持续发展的主要议题。

目前，人们利用的新能源主要有：海底可燃冰、海洋能与潮汐能、太阳能、地热能、核能、生物质能、氢能等。

（1）海底可燃冰

可燃冰是指天然气水合物，是水和天然气（主要成分为甲烷）在深海中高压和低温条件下混合时产生的晶体物质，外貌极似冰雪，点火即可燃烧，故称之为"可燃冰"或者"气冰""固体瓦斯"。从能源的角度看，可燃冰可被视为高度压缩的天然气资源，每立方米能分解释放出 160～180 标准立方米的天然气。迄今为止，在世界各地的海洋及大陆地层中，已探明的可燃冰储量相当于全球传统化石能源（煤、石油、天然气等）储量的两倍以上。

形成可燃冰最少要满足三个条件：一是温度不能太高。海底的温度是 2℃～4℃，适合可燃冰的形成。二是压力要足够大。在 0℃时，只需要 30 个标准大气压就可形成可燃冰。海深每增加 10 m，压力就增加 1 个标准大气压，因此海深 300 m 就可达到 30 个标准大气压。越深压力越大，可燃冰就越稳定。三是要有甲烷气源。海底古生物尸体的沉积物，被细菌分解会产生甲烷，或者天然气在地球深处产生并不断进入地壳。

可燃冰也可能引起地质灾害。由于可燃冰经常作为沉积物的胶结物存在，它对沉积物的强度起着关键的作用。可燃冰的形成和分解能够影响沉积物的强度，进而诱发海底滑坡等地质灾害的发生。可燃冰的开发利用就像一把双刃剑，可燃冰也是一种危险的能源，开发与利用时需要加倍小心。目前，可燃冰的开采方法主要有热激化法、减压法和注入剂法三种。可燃冰开采的最大难点是如何保证开采井的稳定，使甲烷不泄漏、不引发温室效应。

据预测，我国南海北部陆坡天然气水合物远景资源储量相当于上百亿吨原油。

（2）氢能

氢能属于二次能源，是一种理想的新能源。在人类生存的地球上，虽然氢是无处不在的元素，但自然界中氢气的存量极少，因此必须将含氢物质加工后才能得到氢气。最常见的含氢物质是水，其次就是各种矿物燃料（如煤、石油、天然气）及各种生物质等。氢气不但是一种优质燃料，还是石油、化工、化肥和冶金工业中的重要原料。石油和其他化石燃料的精炼需要氢气，如烃的增氢、煤的气化、重油的精炼等。化工产业中制氨、制甲醇也需要氢气，氢气还可用来还原铁矿石。用氢制成的燃料电池可直接发电。采用燃料电池和氢—蒸汽联合循环发电，其能量转换效率将远高于现有的火电发电。随着制氢技术的进步和贮氢手段的完善，氢能将在 21 世纪的能源领域大显身手。

正在研究开发的氢能，主要是用电解法、热化学法、光电化学法、等离子体化学法等制备氢气，用压缩、低温液化或贮氢合金吸收等方法贮存，或直接用作燃料，或制成氢燃料电池，用于发电和各种机动车、飞行器等。

（3）太阳能

太阳能是太阳内部连续不断的核聚变反应产生的能量。尽管太阳辐射到地球大气层的能量仅为其总辐射量的二十二亿分之一，但太阳每秒钟照射到地球上的能量相当于 500 万吨煤。地球上的风能、水能、海洋温差能、波浪能和生物质能都来源于太阳，即使是地球上的化石燃料，从根本上说也是远古以来贮存下来的太阳能。

太阳能既是一次性能源，又是可再生能源，储量丰富，无需运输，对环境无任何污染。

太阳能可以说是取之不尽、用之不竭的，对它的开发利用才刚刚起步，潜力巨大。

人类之所以没有大规模利用太阳能资源，一是因为开发利用的成本比较高。目前太阳能发电装置一般都使用非晶硅作光电转换材料，这种材料比较昂贵，另外它的光电转换效率只有 20% 左右。二是日光能量密度低，放置太阳热能收集器需要较大的空间。

专家预测，到 2050 年，全世界消耗电量的 1/4 将来自太阳能，到 21 世纪末，可能会达到 50% 以上。由于宇宙空间没有昼夜与四季之分，也没有乌云和阴影，辐射能量十分稳定，人类将在宇宙空间建设大型的太阳能发电站，产生的电能将通过微波输电设备，源源不断地送回地球，且损耗率低于 2‰，到那时，人们再也不用为地球上能源枯竭和污染问题而发愁了。产生工业"三废"（废水、废气、废渣）的大批火力发电厂也将退出历史舞台，人类的家园将更加美好。

2.6 实验用品及课外活动内容教学资源的开发

新课程倡导"以学生为本"，即从学生已有的经验出发，让他们在熟悉的生活情景中感受化学的重要性，让学生有更多的机会主动体验探究过程，并通过以实验为主的探究活动，激发学生的学习兴趣，强化学生科学探究的意识，促进其学习方式的转变，提高学生的动手操作能力，培养学生的创新精神。

目前，我国还有部分农村中学缺少化学仪器和药品，实验课开不起来，学生的实验探究无法进行，这种现状与新理念的贯彻产生了矛盾，因此，要着力解决这一问题。

2.6.1 化学实验替代品的开发

由于农村及边远欠发达地区的大部分中学存在实验室仪器和药品不足的情况，以现有的条件无法完成新教材安排的实验。因此，为了不影响实验教学的进行，必须自制仪器装置或寻找实验代用品。这要求师生共同收集各种有用的东西来替代实验用品。如青霉素注射液瓶盖的铝皮，旧电线中的铝线，从废弃电池中回收的锌片、碳棒、二氧化锰等，废铁丝，坏温度计里的水银，旧电缆中的铜线，旧灯泡里的钨丝，充当碳酸钙的贝壳或鸡蛋壳，用各种花朵榨出的新鲜的指示剂等。其实，生活中的很多物质都可用来替代化学药品。

指导学生利用生活中的常见废旧物品制成简易的实验仪器，这既有助于解决实验仪器短缺问题，又可以培养学生的节约意识和环保意识。常见的实验仪器代用品如下表：

化学实验仪器及生活代用品

仪器名称	生活代用品
集气瓶	药用玻璃瓶
水槽	小塑料盆、色拉油瓶底（15 cm 高）
玻璃棒	吸管、塑料棒、竹筷
玻璃片	废弃玻璃再加工
滴管	医疗用塑料滴管、注射器
量筒	注射器
点滴板	医药胶囊透明凹槽
烧杯	塑料饮水杯、玻璃杯
漏斗	矿泉水瓶颈部
滤纸	质量较好的餐巾纸
广口瓶	药瓶、食品瓶
细口瓶	药瓶、化妆品瓶
药匙	玩具塑料匙、营养品带的塑料勺
酒精灯	用旧玻璃瓶、易拉罐铝片和棉绳自制
铁架台	向实验室借，或者到仪器商店买
试管、橡皮塞、乳胶管、小玻璃弯管（配套）	
试管夹（木制）	
石棉网	

实验替代品的利用，包括在演示实验中的利用、在学生实验中的利用、在家庭实验中的利用。实验替代品的开发与利用之举，能产生社会效益、经济效益和环保效益，还能够提高学生动手操作的能力，培养学生的创新精神。

2.6.2　倡导微型实验

微型实验是近 20 年发展较快的一种新的化学实验形式，它具有节约药品与时间、操作安全、少污染等优点。如在讲授酸的化学性质时，以前稀硫酸与氯化钡溶液的实验，只能靠演示来进行。现在可以用自制的滴管取一滴稀硫酸，滴在感冒通片药板上，开展学生微型探究实验。微型实验既有助于解决实验仪器、药品的短缺问题，还可以培养学生的创新意识和实践能力，使学生自觉养成节约资源和环保的意识，让学生明白"垃圾是放错了位置的资源"的含义，更深刻地认识到化学与生活的关系，从而更好地落实新课标精神。微型实验所倡导的绿色化、微量化、创新性等思想已被广大化学教师所认可，尝试使用微型实验代替教师的演示实验，符合在课堂上鼓励学生探究的新课标要求。

初

中化学教师专业能力必修

Chu Zhong Hua Xue Jiao Shi Zhuan Ye Neng Li Bi Xiu

2.6.3 课外活动资源的开发

课外活动有利于增加学生的课外知识，拓宽学生的视野，激发学生的学习兴趣，提升学生的品位，培养学生的动手能力，提高学生的综合素质，丰富学生的学习与生活。

（1）办手抄化学小报（如图2—9）

时间安排：2012年4月20日～5月10日，利用期间的课余时间及假期。

活动目标：

①开阔学生的视野，激发学生的学习兴趣；

②锻炼学生的设计能力、思维能力、写作能力与编辑能力，提升学生的书法、绘画水平；

③督促学生利用课余时间多做有意义的事情，丰富学生的校园文化生活；

④让学生学会合作，增进学生间的友谊，提高学生的学习质量。

分组要求：每四个学生一组，自由组合。

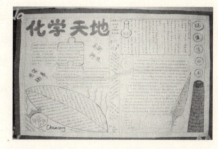

图2—9　手抄化学小报

小报内容：与化学相关的知识，包括高科技、生活常识、化学史、化学故事、谜语、小实验、小制作、环境保护、营养保健、名人名言等。

基本要求：编排设计合理，形式新颖独创，图文并茂，内容科学、实用、精练。

成果展示：每班出一块展牌。

展示时间：5月15至18日。

展示地点：3号教学楼大厅。

评定：

①四名教师（美术教师、书法教师、语文教师、化学教师）和五名学生代表组成评审小组。

②将小报班级、姓名封好，评审小组成员打分，去掉一个最高分和一个最低分，算出平均分。

③评审遵循公平、公正、公开、科学的评定原则。

④设置两个一等奖、四个二等奖、六个三等奖。

⑤班主任为获得一、二、三等奖的小组颁发证书和奖品。

注：每年举办一次。

附化学小报展牌对联：

①学习分子原子成为初中优秀学子　　　研究空气氧气树立校园良好风气

②量筒量杯量量知识多少　　　　　　　试管试剂试试技能高低

③试管天平皆学问　　　　　　　　　　小报能做大文章

④百花齐放化学园地　　　　　　　　　攀登高峰创新有为

⑤书报艺海显示才能　　　　　课堂内外探求真知

⑥手抄小报化学集锦　　　　　张贴展牌群英荟萃

⑦探索化学理论奥妙　　　　　攀登科学知识高峰

⑧化学报刊智慧栏　　　　　　科技活动创新园

（2）初三化学实践活动型题目专项

①现有以下几组试剂：Cu、$ZnCl_2$ 溶液、$AgNO_3$ 溶液；Zn、Ag、$Cu(NO_3)_2$ 溶液；Cu、Ag、$ZnSO_4$ 溶液。某兴趣小组欲用其验证 Zn、Cu、Ag 三种金属的活动顺序。

你认为要达到实验目的，可以选用的试剂组是_____。能说明 Cu、Ag 金属活动性顺序的化学方程式是_____。

有同学认为另外选用"Zn、Cu、$AgNO_3$ 溶液"这组试剂，通过它们的相互反应（不再使用其他物质）也可验证 Zn、Cu、Ag 的金属活动顺序，你认为对吗？_____，因为_____。

②现在许多食品都采用密封包装，但包装袋中的空气、水分仍会使食品氧化、受潮变质，因此一些食品包装袋中需放入一些脱氧剂，以使食品保质期更长一些。

甲、乙、丙三人为了探究脱氧剂的成分，从某食品厂的月饼包装袋中取出脱氧剂一袋，打开封口，将其倒在滤纸上，仔细观察，发现脱氧剂为灰黑色粉末，还有少量的红色粉末。

【提出问题】该脱氧剂中的黑色、红色粉末各是什么？

【猜想】甲认为灰黑色粉末可能是氧化铜，红色粉末可能是铜；乙认为灰黑色粉末可能是铁粉，也可能还有少量的活性炭粉，而红色物质可能是氧化铁；丙认为灰黑色物质可能是氧化铜、活性炭粉，红色粉末可能是铜。

你认为_____的猜想正确，其理由是_____

_____；

请设计一个实验方案来验证该猜想，并填写以下实验报告：

实验步骤：_____

_____

_____。

预期的实验现象：_____

_____

_____。

结论：_____。

写出其中一个方案的化学反应的方程式：_____。

③硬水中含有较多的可溶性的钙、镁的化合物。钙的化合物为 $Ca(HCO_3)_2$，受热易分解，生成水和大量的气体。还有一种难溶性的盐，该盐是水垢的成分之一。

初中化学教师专业能力必修

Chu Zhong Hua Xue Jiao Shi Zhuan Ye Neng Li Bi Xiu

【提出问题】$Ca(HCO_3)_2$ 受热分解出的另外两种生成物是什么？

【猜想】小刚认为生成物中的气体可能是二氧化碳。你认为生成物中的固体可能是_____。

【设计实验方案】请你设计出简单的实验方案，来验证上述猜想是否正确。

【现象与结论】如果小刚的猜想正确，现象应该是_____；如果你的猜想正确，现象应该是_____。

写出 $Ca(HCO_3)_2$ 受热分解的化学方程式：_____。

该结论的依据是否科学？_____。

理由是_____。

根据本实验的目的，请你改进他的实验操作。_____

_____。

专题四　初中化学教学研究

教学研究是教育教学改革的必然要求，亦是教师专业发展的必由之路，是教师必备的基本素质。我国著明教育家顾明远先生认为，教师只有不断开展研究，才能逐步认识并掌握教育教学规律，提升教学水平，从而最终提高教育教学质量。对于化学学科而言，开展化学教学研究是化学教师从传统的授课型教师转变为专家型、研究型教师的必要途径，是适应新课程改革、提升化学教学水平的必然选择。

新课程改革背景下的化学教师的角色已经不再是传统的知识传授者，而是集学生学习的促进者、化学课程的开发者、化学教育教学的研究者于一身的教学专家。对于化学教师而言，深入地进行化学教学研究，是新课程改革的要求，是新课程改革视野下完善教学的必经之路。

同时，进行教学研究也是教师自身专业发展的需要。只知教而不知研究、反思的教师已经不适应当今社会教育发展的需要。东北师范大学化学教育研究所所长郑长龙教授曾总结教师应具备的基本素质，包括：正确的教育观念、良好的职业品质、多元的知识结构、完善的能力结构、多向的教育交往等。这些基本素质的获得，除了要具备丰富的学科知识与教学经验外，开展教学研究也是不可或缺的途径。科研素质已经成为现代教师素质的一项重要内涵。主动在教学过程、教学情境中以研究者的心态、眼光去分析、审视各种化学教育教学问题，加以总结并形成规律性认识，是当下化学教育改革对教师的要求，也是衡量教师合格与否的重要标准。

苏联著名教育家苏霍姆林斯基曾经说过，如果你想让教师的劳动给教师带来乐趣，使天天上课不至于变成一种单调乏味的义务，那你就应当引导每一位教师走上从事教学研究这条幸福的道路上来。可见，教学研究还是教师提升自我、克服职业倦怠、获得职业满足感、保持乐观的心境和积极的精神状态的重要途径。进行教学研究，可以开阔教师的学科视野和教学视野，扩大其教育交往的范围，同时还可以帮助教师在培养学生、进行教学之外获得成就感，将原本一成不变的教学活动转化为不断变化、发展、上升的创造性活动，使学校生活、教学生活成为教师新的职业满足感的生长点。

如何成为具备化学教学研究能力的教师？如何进行化学教学研究？本专题将从化学教学研究的过程、化学教学研究的主要方法、化学教学研究成果的表达等方面为读者呈现化学教学研究的面貌。

1. 初中化学教学研究的过程

教学研究通常有三个基本要素，即客观事实、科学理论与方法技术。北京师范大学裴娣娜教授将教学研究定义为：以发现或发展科学知识体系为导向，通过对教育现象的解释、预测和控制，以促进一般化原理、原则的发展的活动。

教学研究虽然与自然科学研究在过程上存在较大差异，但也有一些共同之处。一个具体课题的完成，包含一系列的环节。教学研究的一般程序包括：课题的选择与确立、文献检索与分析、研究方案的设计与实施、研究资料的分析与整理。

1.1　课题的选择与确立

教学研究的选题决定了教学研究的方向，是教学研究的起点。选题体现了化学教育工作者或研究者的科研水平，决定了研究价值的大小。一般而言，化学教学研究的课题主要来自两个方面：一是化学教学实践中亟待解决的问题，二是化学教学理论体系中的问题。对于刚开始进行化学教学研究的教师来说，由于理论素养需要进一步提升，往往倾向于选择化学教学实践中需要解决的问题为研究课题；当经验有所积累，理论水平进一步提高时，以化学教学理论体系中的问题作为研究课题才能做到游刃有余。

1.1.1　课题选择的原则与策略

裴娣娜教授在《教育研究方法导论》一书中提出了一个好的研究课题应具备的特点，这也是化学教学研究在选题时的一个标准，概括而言主要有如下几个方面：

（1）价值性原则

价值性原则即一个好的教学研究课题应当具有一定的理论价值或实践价值，且能够有进一步探究的空间。化学教学研究有利于更好地进行化学教学、解决当前化学教学实际或理论中遇到的问题，其目的是为了更好地认识教育现象，深化化学教学改革，提升化学教学质量，促进化学教学实践。一个课题必须承载一定的功能与价值才有进行研究的意义，否则就不能在教育实践中发挥作用，也不能被学界、社会所承认，是物力、人力、财力的浪费。

相应课题选择的策略：选题宜高不宜低。

教师在进行化学教学研究时，或隅于自己目前的情况，或隅于现有的研究条件，对于一些教学问题，很难提出具体的解决方案。但是这不应成为降低选题标准的理由。只有选择有价值的课题，才能提高我们进行化学教学研究的定位、保证教学研究的科学性，才能使研究更有意义。为科研而科研或为任务而科研的态度是不可取的。

（2）现实性原则

现实性原则即选择的课题要具有科学的指导思想、明确的目的以及充实合理的立论依据。化学教学研究的选题必须有一定的事实依据，有其实践性基础，不可主观臆断。同时，化学教学研究的选题还应该以教育科学基本原理为依据，不可无根据地设置。作为对化学学科教学进行研究的题目，选题还必须尊重化学基本理论、化学学科的基本事实以及化学研究的基本方法与过程。即使在教育学或课程论中可行，但脱离了化学的学科背景，违背了化学学科的本质与发展规律，这样的课题仍然不符合化学教学研究选题的现实性原则。

相应课题选择的策略：内容宜熟不宜生。

为化学教学研究选择课题时，应尽量选择自己比较熟悉的领域。对教学的研究主要不在于知识的广度，而在于知识的深度。选择熟悉的领域，有利于选择相应的教育学基本原理作为支撑依据，也具备实践性基础或现场条件，能够加深对学科的认识与理解。另外，对于部分初中教师而言，虽然教学经验丰富，但理论知识相对匮乏，因此从化学教学实践中选择课题，能避免纯理论命题的纠缠，更具现实性。

（3）准确性原则

准确性原则即选择的研究课题一定要具体化，范围集中，不可太过笼统。进行化学教学研究，选题必须紧紧围绕该领域中的某一个具体问题进行，切忌大而空。正如上文所说，教学研究的水平，不仅仅体现在研究的广度上，更体现在研究的深度上。只有将研究课题具体化、集中化，才能够深入地对课题进行分析、阐释与总结，才能够真正言之有物，而非浅尝辄止。

相应课题选择的策略：选题范围宜集中，忌宽泛。

对于初中教师而言，根据教学实践的具体问题来选题不失为保证选题准确性的一个好方法。如有的教师选择"通过课堂观察法比较优等生和中等生的化学课堂学习行为——以弱电解质为例"作为研究课题，这个课题比较具体，有利于作者表达自己的观点，提出见解，并对症下药地解决问题。相反，如果选择"论新课程改革""初中生化学学习评价""初中生化学探究能力的培养"等过大的课题，那就很难抓住重点进行阐述，不容易全面把握，易使教学研究流于形式而失去研究的意义。

（4）创新性原则

创新性原则即选定的课题应是前人未曾解决或尚未完全解决的问题，通过研究能有所创新，即提出新见解或从新的视角对前人研究过的问题重新阐释，具有鲜明的时代感。无论何种研究，如果不善于思考，不能提出自己的观点，而只是重复前人的工作，即所谓的"换汤不换药"，都是一种资源的浪费，不能称之为研究。如对于中学化学"物质的量"部分的教学，2000～2010年各类教育期刊上收录的教学研究论文超过40篇，如果想继续这个课题的研究，势必要在前人基础上选择崭新的视角，难度很大。

相应课题选择的策略：选题新颖，忌陈旧。

（5）可行性原则

可行性原则即课题是可以被研究的，存在研究的现实可能性，既要考虑资料、时间、经费、团队等客观条件，还要考虑研究者本人的学科知识基础、教育理论水平、教学经验、研究经验、研究兴趣等多方面的主观条件。可行性原则考量了研究者对自己已经具备的条件、通过努力可以获得条件的评估以及对工作基础的认识和对研究成果的预估。

初 中化学教师专业能力必修 Chu Zhong Hua Xue Jiao Shi Zhuan Ye Neng Li Bi Xiu

相应课题选择的策略：脚踏实地，扬长避短。

1.1.2 课题选择的范畴

化学教学研究的课题一般分为两种类型：一是基础性研究课题，主要包括研究化学教学现象及教学过程的基本规律、探索新的化学教育领域等课题；二是应用型研究课题，以修正或直接改变化学教学现象或过程为目的。总的来说，化学教学研究与普通教育研究有相似之处，但又有着其独特的研究范畴，一般包括如下方面：

(1) 化学教学思想研究；

(2) 化学教学目标研究；

(3) 化学课程与教材研究；

(4) 化学学习活动研究；

(5) 化学教学方法与策略研究；

(6) 化学教育测量与评价研究；

(7) 化学实验教学研究；

(8) 化学教师教育研究；

(9) 化学奥林匹克竞赛研究；

(10) 世界、中国化学教育史研究。

随着新课程改革的推进，化学史、化学教学信息化、STS 等领域都进入化学教学研究的范畴。

1.2 文献检索与分析

文献是指用文字、图形、符号、声音、影像等手段记录下来的一切资料。实际上，文献的检索与分析贯穿于所有科学研究的始终。在化学教学研究的过程中，对于化学教育教学理论和化学史、化学教育史的研究，在课题选择与确立阶段，文献的检索与分析是不可或缺的。

在化学教学研究中，通过文献的查阅，可以知晓前人对该课题的研究历史与研究趋势，或者明确该课题的意义与高度；通过对前人研究的分析，可以找出该课题历史研究中的不足与缺口，更准确地抓住待研课题的创新点，或找出新的研究角度，提升研究的新意。如纵向、横向比较文献中曾经用过的研究方法，并结合自身的条件，选择适合自己的研究方法、制订合理的研究方案。同时，在获得初步研究资料后，也往往要参考文献中已有的分析方法、分析角度，提出自己的新观点。

总之，文献检索与分析对于化学教学研究而言至关重要，不可或缺。它主要分为三个阶段：准备阶段、搜索与查找阶段、分析与整理阶段。

(1) 准备阶段

在进行文献搜索之前，我们需要对待搜索的内容进行梳理整合，力求使搜索过程高效快速、有的放矢。同时，还需要明确自己研究中所用文献的主要来源。

目前，在初中化学教学研究中，文献来源一般为书籍、期刊、报告、标准、论文集以及优质课与公开课视频等。由于受出版时间的限制，虽然从书籍中获得的信息一般较为经典，但时效性较差。标准作为国家公开发布的准则，具有极强的权威性，可以作为研究的依据，但是相对较为程式化，不够具体。期刊、论文集、报告等形式的文献时效性强，如果需要了解最新的研究进展，这几类文献是很好的选择，但由于期刊、论文集、报告往往鼓励百家争鸣、各抒己见，因此对于此类文献中的观点需要甄别。对于工作于教学一线的教师而言，优质课、公开课的视频资料也是进行教学研究的重要文献来源。

（2）搜索与查找阶段

要进行文献的搜索、查找，必须明确文献的几种类型，因为对于不同类型的文献有不同的搜索渠道与查找方法。按照文献的内容性质，可以分为一级文献、二级文献和三级文献。一级文献即原始文献，如各年度的期刊论文、报纸文章、会议论文集等；二级文献是指对一级文献进行整理，然后将其有系统地组织起来的文献，如索引、文摘等；三级文献是指在二级文献的基础上将一级文献内容进一步梳理而形成的文献形式，如综述、评述、数据手册等都属于三级文献。目前这三级文献的搜索都可以借助各种文献数据库完成，也可以直接到相关网站查询。

中国知网、中国期刊网、维普期刊网、万方数据库等都是较为权威的文献储存数据库，这类数据库中的文献科学性、参考价值较高，但一般需要付费购买才可以下载全文。在公共网络上，一般可以查询到标题、作者、中英文摘要及引用或他引文献（有的数据库还给出相似文献或同作者文献）。以中国知网为例，该数据库设置了"一般检索""专业检索""高级检索""期刊检索""基金检索"等几个栏目，数据库使用者可以根据需求选择。以"一般检索"为例，可以选择关键词、作者、主题、标题、ISBN 号等多项内容进行检索。另外，如果认为检索结果内容过多，不够具体，还可以在已经搜索出的结果中再设置搜索条件进行二次检索，进一步缩小检索范围。如果希望对某本期刊如《化学教育》2000～2010 年的内容进行检索，则可以在期刊名或文献来源一栏填入"化学教育"，年代选择 2000 年至 2010 年，点击搜索，数据库便会将 10 年中该期刊的所有文章题名、作者、摘要全部列出。

除了中文数据库外，Tailor、Wiely、Elsevier、Springer 等数据库以及美国化学学会的数据库都收集有与化学或化学教育相关的外文期刊，如 *International Journal of Science Education*，*Journal of Chemical Education* 等。与中文数据库类似，这些外文数据库需要付费使用，但一般都提供免费搜索文献题名、摘要的服务。读者可以先根据文献题名、摘要了解文献的大致内容，再根据自身需求索取文献。

另外，通过百度、谷歌、维基百科等搜索引擎，也可以检索到大量免费公共资源，但是用此类方法搜索到的文献往往质量参差不齐、良莠不一，需要仔细鉴别方可拿来使用。同时，用这种方法搜索到的文献大多为转引，如果需要加以利用，必须找到原始文献方可。中国化学课程网（http：//chem.cersp.com/）、中国中小学教育教学网

（http：//www.k12.com.cn）、国家教师教育课程资源网（http：//www.qgjszy.org.cn）等专业教育网站都是很好的化学教育研究文献来源。

同时，搜索文献时要注意搜索顺序与方法，一般遵循由宽泛到具体、由近及远的原则。即将文献搜索范围设定得比研究课题稍宽，先对该课题的研究趋势有一个大致的了解，然后缩小范围，专门针对具体内容进行搜索，直至找到相关度高的重要文献。

在本阶段，还必须注意文献的积累，只有有目的地积累文献才能够在文献的分析与整理阶段有条不紊。随着教育科研信息化的进一步推进，文献的积累方式也不仅仅限于传统的纸笔记录，目前已有多种软件可以帮助我们方便地进行文献积累与整理。如 Endnote、Noteexpress 等都是目前常用的文献管理软件，前者尤适用于外文文献的收集与整理，后者更适于中文文献的收集与整理。目前，大多数据库都可以兼容这类软件。从数据库中搜索到文献后可以直接根据软件预先设定的类别进行存储；在选用已搜索到的文献时，亦可以直接通过软件调出，非常方便快捷。另外，使用 Endnote、Noteexpress 等软件管理文献时，在最后的论文写作环节中也非常便利，因为这两款软件内置了多种期刊参考文献形式，作者可以通过软件直接在文章最后生成参考文献，不必人工输入，能节省大量时间。

（3）分析与整理

文献的分析与整理过程也是对文献进行初加工即对文献进行甄别、筛选、阅读的过程。信息化时代的到来，大大提高了教学研究可获取的信息量，同时也为信息的甄别与筛选增加了难度。在化学教学研究中，应当杜绝文献的二次转引，因此在对文献进行分析与鉴别的过程中，除了要将错误的、不符合客观事实与科学原理的文献删除外，还需要找出所选用的文献的原始出处，并对原始文献进行研究。对筛选过的文献应先进行粗读，通常只阅读文献标题与摘要即可，并据此对文献进行大致分类。做好文献的分析与整理工作，将为下一步研究方案的制订与设计提供极大便利，对研究结果的分析以及研究论文的撰写也不无裨益。

1.3 研究方案的设计与实施

研究方案的设计与实施与研究资料的收集、分析与整理是化学教学研究的主体。而研究方案的设计与实施作为教学研究的实践过程，其质量高低与课题研究的成败密切相关。研究方案的设计与实施是在之前的课题选择与确立以及文献搜索与分析的基础之上进行的，也就是说，研究方案的设计与实施必须符合教学研究的特点与客观规律，符合化学学科的内在本质与发展规律，是可观的、可行的、有意义的。

研究方案的设计与实施过程一般分为三个阶段：一是形成研究构想，二是设计研究方案，三是实施研究方案。

（1）形成研究构想

在设计研究方案之前，必须对课题有清晰的研究构想即假设。假设是根据一定的科学知识和科学事实对所研究问题的规律或原因作出的一种推测性论断和假定性解释，是进行研究之前预先设想的、暂定的结论。对所研究课题作出的初步的、尚需验证的解释都属于假设。例如，在研究"新课程改革实施前后中学生化学学习动机的变化"这一课题时，我们首先作出的假设或构想就是新课程改革对中学生的化学学习动机是有影响的，或者说改革前后中学生的化学学习动机是有变化的，接下来，我们需要设计研究方案证实或证伪这个假设。可见，形成研究构想是进行化学教学研究的必需步骤，能使教师明确研究的目的与方向，避免研究的盲目性。

（2）设计研究方案

在形成研究构想，明确研究目的之后，我们需要设计周详合理的研究计划或研究方案，作为实施研究时的参照。拟订步骤清晰、轻重缓急合理的研究方案对整个研究而言至关重要。对化学教学研究而言，研究方案一般包括如下几项内容：

①再次阐明研究的意义与目的。

②介绍研究的范围，包括涉及的学科领域、研究对象、研究内容、已有工作基础、文献资料检索情况、数据来源等。

③详细说明采用的研究方法，如果同时采用多种研究方法，需分别说明哪一步研究或者哪个内容的研究使用了何种研究方法等。

④具体说明研究的步骤与时间安排。研究的安排计划得越详细，在后续研究中越有据可依，但需注意在安排研究步骤与时间时要留有一定的余地。

⑤研究人员与合作单位。在此部分中需要明确研究人员的具体分工以及不同合作单位应承担的任务。

⑥经费使用进度与仪器情况。

⑦预期研究成果。

（3）实施研究方案

研究方案的实施是整个研究过程的主体，是研究者依照既定方案，采用不同研究方法在化学教学实践活动中实施研究的活动。它包括获取资料与数据处理、资料分析两个阶段。

在第一个阶段，需要依照研究方案，采用既定的研究方法尽可能全面细致收集课题研究所需的资料。同样以"新课程改革前后中学生化学学习动机的变化"这一课题为例，在这一阶段，如果采用访谈与调查相结合的方式进行数据及资料采集，那么就需要根据已经查阅的文献资料拟订访谈提纲，制订调查问卷，然后按照研究方案的安排，分阶段、有序地向有代表性的样本（不同中学的中学生）发放并回收问卷。

在获取研究所需资料之后进入第二个阶段，即数据处理与资料分析阶段。化学教学研究经常涉及实证研究，如各种访谈、问卷调查、课堂观察等，有大量的文字、影音、数据资料需要处理，因此在此阶段，需要先将影音资料转化为书面文字，将访谈、问卷结果转换为可统计的结果，然后列出相关数据，剔除无效或虚假数据，找出关键或具有代表性的数据，简单分析后得出初步结论。

初 中化学教师专业能力必修

Chu Zhong Hua Xue Jiao Shi Zhuan Ye Neng Li Bi Xiu

1.4 研究资料的分析与整理

在研究方案实施阶段收集到的资料往往还是比较具体的事实或数据，虽然上一阶段的研究已经对其进行过一定分析，但仍很难透过这些资料直接看出研究课题的本质，这就需要对获取的资料进行进一步的分析与整理，更深刻地揭示研究课题的本质，总结出教育教学规律。

对化学教学研究而言，资料分析的类型一般有定性分析与定量分析两种。定性分析一般指采用逻辑方法对研究所得的数据资料进行整理与质性分析，从而发现规律的分析方式。一般常用的逻辑方法包括比较、归纳、演绎、综合等。这种分析方法更关注研究结果的归类、研究背景与研究结果的关系以及影响研究结果的因素等方面，因此更适于过程与发展的研究。随着教学研究信息化的发展，在定性研究方面也出现了相关辅助软件，大大简化了定性分析的步骤，提高了分析效率。但由于软件的机械性，只有将定性分析软件与人工逻辑分析结合起来，才能保证分析结果的准确性。

定量分析以数学与统计学为基础，在管理学等社会科学中应用范围甚广，在教学研究领域中的应用也越来越多。作为化学教学研究者，不需要对定量分析的统计原理有精深的理解，但需要知道不同种类样本所对应的检验方法，并会使用常用的分析统计软件。目前常用的统计分析软件有 SAS（Statistical Analysis System）、SPSS（Statistical Package of Social Science）等。

在对收集到的资料、数据进行全面的定性、定量分析之后，梳理、整合关键信息，由现象到本质地进行加工、概括，总结出教育教学规律，得出最终结论，并将结论应用到教学实践中进行验证与评价，即为研究资料的整理过程。

2. 初中化学教学研究的主要方法

化学教学研究有多种研究方法，如文献法、观察法、调查法、实验法、比较法、行动研究法等。鉴于化学教学研究的特点，本书重点介绍观察法、调查法以及实验法。

2.1 观察法

观察法是一种研究者有目的、有计划地对处于自然状态下的研究对象进行观察，从而获取信息的研究方法。在化学教学研究中，观察法是一种基本且常用的方法。进行有效观察的一个重要条件就是做好观察记录。在观察的过程中，通常用到的记录方法有叙述性描述法、频数表记录法、等级量表记录法、音像记录法等。

例如，在全国教育科学"十一五"规划 2009 年度教育部重点课题"高中中等生课堂学习效率提高策略研究"中，课题负责人罗滨老师在一节常态课中，采用了频数表记录法来记录相关信息。如下表：

"弱电解质的电离"课堂教学过程简表

教学时间段（分钟）	教师行为	优等生行为频次	中等生行为频次
0～4	复习旧知识导入： ① NaCl 溶液；② NaOH；③ HCl；④ Cu；⑤ CH_3COOH；⑥$NH_3 \cdot H_2O$；⑦CO_2；⑧乙醇；⑨水。 哪些是电解质？哪些是非电解质？	1.57	1.42
4～7	引导学生辨析： ①石墨能导电，所以是电解质。 ②由于 $BaSO_4$ 不溶于水，所以不是电解质。 ③盐酸能导电，所以盐酸是电解质。 ④SO_2、NH_3、Na_2O溶于水可导电，所以均为电解质。 指导学生分组，并讨论：SO_2 是电解质吗？ 得出结论：看化合物在融化状态或水溶液中是否自身电离。	1.29	1.50
7～10	讲解新课，让学生思考： ①所有电解质的电离程度都一样吗？ ②如何设计实验，证明不同电解质的电离程度不同？	1.14	0.88
10～13	讲解实验注意事项：采用的电解质浓度要相同、置入相同溶剂、电极进入溶液的接触面积相同等。	1.29	0.92
13～16	指导学生分析实验设计（导电性实验），得出导电性与电解质的电离程度有关的结论。	1.43	1.04
16～19	思考：盐酸常用于卫生洁具的清洁或除水垢，醋酸腐蚀性弱于盐酸，为什么不用醋酸代替盐酸呢？ 阅读下册 P40，布置实验（略）。	1.57	1.12
19～22	教师演示实验，学生观察。	1.43	1.19
22～25	提问： ①反应速率为什么不同？ ②影响反应速率的因素是什么？ ③你能得出什么结论？	1.29	1.19
25～28	学生回答： ①反应速率不同，说明盐酸和醋酸中的 H^+ 浓度不同，pH不同。 ②相同体积、相同浓度的盐酸和醋酸中的 H^+ 浓度不同，说明 HCl 和 CH_3COOH 的电离程度不同。 ③盐酸的物质的量浓度与盐酸中 H^+ 浓度几乎相等，表明溶液中 HCl 分子是完全电离的，而 CH_3COOH 分子只有部分电离。	1.29	0.73
28～31	引入 pH 计测同等浓度的盐酸和醋酸的 pH 值，对比后引导学生对电解质进行分类（强电解质和弱电解质）。	1.57	1.35

初中化学教师专业能力必修 Chu Zhong Hua Xue Jiao Shi Zhuan Ye Neng Li Bi Xiu

教学时间段 （分钟）	教师行为	优等生行为频次	中等生行为频次
31～34	指导学生试写醋酸的电离方程式。 引入电离平衡概念并引导学生画出这个平衡建立过程的 v－t 图像。	1.14	1.04
34～37	归纳弱电解质的电离平衡规律。	1.43	1.00
37～40	引导学生进行醋酸的电离平衡建模和模型分析。 引导学生分析醋酸的微粒种类、微粒间的相互作用、相互作用的结果。	1.29	1.04
拖堂	电离平衡常数概念的引入。		

2.2 调查法

调查法是研究者为了深入了解教育教学实际情况，以发现教学中存在的问题、探索教育教学规律而采用的一种研究方法。对于化学教学研究而言，调查法通常包括访谈、调查问卷、个案研究以及测验等科学方法，旨在有目的、有计划地收集研究资料，通过质性或量化分析，明确教学中存在的问题并提出解决方案，进一步揭示化学教育教学现象的本质与规律。

访谈法是一种口头调查法，即研究者通过与调查对象交谈，提出有目的、有针对性的问题，从而收集信息的方法。在正式访谈之前，研究者需要详细了解被调查者的个体情况，明确访谈的目的与内容，制订详尽的访谈提纲。同时，进行访谈时，应使被调查者处于自然状态。访谈可以是一对一的个别访谈，也可以是多人同时进行的团体访谈，如座谈会。

问卷法是一种书面调查方法。研究者根据调查内容编制题目或者表格，让被调查者填答，从而了解被调查者对某一问题或现象的看法和意见。

调查法一般分为四个步骤：

一是制订调查方案，即根据研究的需要，选择适当的调查形式，确定调查对象与范围，制订调查提纲或问卷，安排时间进度、人员分工等。

二是实施调查方案，这是调查法的主要环节。根据具体调查内容的不同，可以针对单一对象以时间为线索进行调查，也可以在同一时间内对多个对象进行调查。调查过程中，应根据具体情况以及被调查者的现状灵活调整具体的调查方法或进度，务必保证收集到的资料的真实、客观、典型、全面、系统。

三是整理调查资料。用调查法收集来的资料比较繁杂，只有进行整理、统计，使之更加系统化，才能从中找出规律，达到调查研究的目的。用调查法收集到的资料一般分为两类：叙述性资料与数量化资料。访谈等调查法一般获得前者，而问卷法一般获得后者。对于叙述性材料一般采用质性分析的方法，可以借助 QSR Nvivo 等质性分析工具加以分析；而数量化材料则一般借助 SAS、SPSS 等软件通过数据统计，用表格、图示等加以整理、汇总。

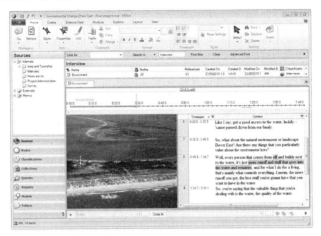

图 2-1　QSR Nvivo 操作界面

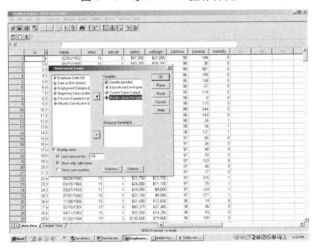

图 2-2　SPSS 操作界面

四是撰写调查报告，即在系统整理调查资料的基础上，分析所用调查方法的优缺点、有效性，给出原因并加以解释，最终找出本质规律或存在的问题，拟订解决方案，并形成书面结果，即调查报告。

以"初中生化学学习态度的调查研究"[1] 这一课题为例，研究者的研究步骤如下：

1. 根据研究课题与主客观条件确定调查对象，即分布在城市、农村不同初级中学的男生和女生。

2. 参考相关文献，确定"初中生化学学习态度调查问卷"的 3 个维度、8 项评价指标、25 个评价项目。

① 于立，林承志. 初中生化学学习态度的调查研究［J］. 化学教育，2011，(4)：52—54.

表 2—1　化学学习态度调查问卷指标

| | 情感体验 | 认知水平 | 行为倾向 | |
			考试	不考试
理论	①学习的情感体验	②学习的认知水平	③考试内容的行为倾向	④不考试内容的行为倾向
实验	①学习的情感体验	②学习的认知水平	③考试内容的行为倾向	④不考试内容的行为倾向

3. 依据参考文献，设计调查问卷。

4. 初步测试，修正调查问卷。

5. 正式测试。

6. 处理调查数据。首先依据调查结果，使用数据分析软件 SPSS 对调查的效度进行分析；其次，全面、系统地分析数据及其变化趋势。

表 2—2　城市学生与农村学生的学习态度比较

		城市（50 人）	农村（34 人）	T	P
化学知识类别	理论	23.3800 ± 4.20830	21.3235 ± 4.21915	-2.196	0.031
	实验	16.2800 ± 2.68814	15.7353 ± 2.47789	-0.940	0.350
测量评价方式	考试行为倾向	9.4800 ± 2.15936	8.4118 ± 2.31094	-2.163	0.033
	不考试行为倾向	6.2800 ± 1.72662	6.1471 ± 1.65387	-0.352	0.726
态度内容	情感体验	12.8333 ± 2.04721	14.4524 ± 1.65577	-3.985	0.000
	认知水平	9.2143 ± 2.03069	10.1667 ± 1.46365	-2.466	0.016
	行为倾向	14.5000 ± 3.75630	16.0476 ± 3.11528	-2.055	0.043
学习态度总分		39.6600 ± 6.22572	37.0588 ± 6.27618	-1.873	0.065

表 2—3　男生与女生的学习态度比较

		男生（42 人）	女生（42 人）	T	P
化学知识类别	理论	21.2619 ± 4.59087	23.8333 ± 3.62186	-2.850	0.006
	实验	15.2857 ± 2.83089	16.8333 ± 2.11748	-2.837	0.006
测量评价方式	考试行为倾向	8.5952 ± 2.59511	9.5000 ± 1.81121	-1.853	0.068
	不考试行为倾向	5.9048 ± 1.77804	6.5476 ± 1.54923	-1.767	0.081
态度内容	情感体验	14.1200 ± 1.78016	12.9412 ± 2.17341	-2.621	0.011
	认知水平	9.7800 ± 1.90905	9.5588 ± 1.70900	-0.543	0.588
	行为倾向	15.7600 ± 3.46740	14.5588 ± 3.51784	-1.549	0.125
学习态度总分		36.5476 ± 6.78665	40.6667 ± 5.15925	-3.131	0.002

7. 分析调查结果，得出结论并分析原因。

8. 给出解决问题的相关建议与策略。

上述研究案例，体现了调查研究法的严谨性与科学性，但耗时较长，专门的教学研究工作者倾向于采取这种方式进行研究。而对于中学教师而言，如果采用了新教法或者开始了新课程，仅仅打算大致了解学生的感受、想法，为将来的教学指出大概的改进方向，可以采用更为简单的调查方式，但同样要以客观、辩证的态度看待、分析调查结果。

2.3 实验法

实验法是研究者根据一定的研究目的，如为了解决某一教学问题，依据一定的教育理论或设想，通过组织有计划的研究，人为地控制条件以研究问题的发生、发展过程，并及时记录相关信息，然后比较分析，从而得出有关实验因子与实验结果之间关系的科学结论的一种研究方法。实验法的特点是能适当控制研究的条件，排除或最大限度减少无关因素的干扰，突出待研究的实验因子，从而更为准确地探索事物间的因果关系。

实验法可分为多种类型。以自变量因素划分，可分为单因素实验与多因素实验；按实验组织形式划分，可分为单组实验、等组实验与轮组实验；按实验具体操作方式划分，可分为定性实验与定量实验；以实验进行场所来分，可分为实验室实验与现场实验（亦称自然实验）。对于化学教学研究而言，一般采用自然实验。自然实验是指在自然教育状态下施加一定的教育影响，用于探索和检验不同的化学教材、教学方法、教学策略等的教育教学实验。

不同学者对化学教育教学实验具体的步骤划分持不同观点，但总体差异较小。有的学者将其分为五个步骤，包括：提出假设、设计研究方案与实验对象分组（分为实验组、对照组）、对实验组施加实验影响（即实验因子、自变量）、实验后对因变量（实验对象）进行测试并收集信息、总结并评价实验假设。有的学者也将化学实验步骤细化，分为"三阶段十五步骤"，如下图所示：

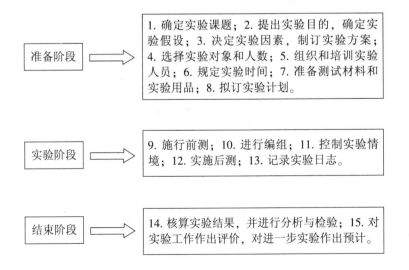

在进行化学教育教学实验研究时，必须事先将抽象的实验内容明确化、具体化，使之变为可操作的具体行为；在实验过程中需要对多个因素进行全面的变量分析，要尽可能对无关变量加以控制，以减小其对实验结果的影响；在实验的测量环节中所使用的测量工具应具有一定的针对性。另外，对实验过程中获得的资料、数据要及时进行整理统计，以便更好地调整、优化实验。

3. 初中化学教学研究成果的表达

化学教学研究成果的表达即在化学教学研究结束后，教育工作者或研究者对其研究背景、研究目的、研究思路、研究内容及研究成果进行书面整理、总结与表达，形成研究报告、研究论文或研究专利等的过程。研究成果的表达是化学教学研究中教育工作者或研究者的研究成果的再体现，是对全部研究过程的总结与升华。科学地表达教学研究成果、根据交流的需要合理地呈现教学研究成果，是教育科学研究的要求，也是研究者研究和学术能力的体现。

3.1 化学教学研究论文的写作

我国专门出台了针对报告和论文编写格式的国家标准 GB7713－87《科学技术报告、学位论文和学术论文的编写格式》，以规范研究报告与论文的写作与格式，便于研究成果的交流与保存。

3.1.1 论文的基本结构

（1）标题

论文的标题是文章中心思想的反映，是对全文内容的凝练概括。读者往往首先通过论文标题来了解论文的大致内容，并将其作为是否继续研读的第一道判据。因此，学术论文的标题既要新颖，有吸引力，又必须符合学术规范，具备科学性。论文的标题应言简意赅，不可过长，若难以用集约的语句概括出题目，可以采用正副标题相结合的方式来拟定。

（2）署名

论文的署名者是参加研究并参与论文写作的主要人员，即通常所说的作者。论文的每一个作者都对文章负有责任，主要责任承担人为通讯联系人。研究工作的主导者或论文的主要写作者一般为第一作者。在署名时，一般还需要注明作者的工作单位等信息。有些期刊还要求附上作者简介，如性别、职称、年龄、学历、主要研究方向等。

（3）摘要

论文的摘要是对论文内容的准确、扼要且不加任何评论与注释的简单陈述。摘要是继文章标题之后读者选择是否继续阅读的第二道判据。从摘要中，读者可以简要了解研究者的研究背景、研究目的、基本研究方法、实验或调查结果分析的过程、研究结论等。可以说摘要是具有完整逻辑结构、自成一体的短文。摘要中一般不含图表、公式。

（4）关键词

关键词应是名词或名词性词组，且能够反映论文的主要概念。国家标准 GB7713－87《科学技术报告、学位论文和学术论文的编写格式》规定，每篇报告、论文应选取 3～8 个词作为关键词。有的外国期刊还专门对不同研究领域的关键词给出选择范围，在向此类期刊投稿时，要注意必须在给定范围内选择关键词。

（5）引言

引言是整篇论文的开篇部分，在于使读者对研究的背景、研究的目的、研究的历史与现状有所了解，激发读者阅读的兴趣，明确论文呈现的内容的重要意义。因此引言应当简明扼要，条理清晰，分析透彻，文笔简练。

（6）正文

正文是研究论文的主体部分。正文部分一般包括研究的方法、对象、步骤、结果以及数据资料分析过程等内容。研究过程中出现的问卷、数据、图像、表格等一般在这一部分呈现。

（7）结论与讨论

结论是对研究中观察到的事实和收集到的资料、数据进行处理、概括，并在此基础上通过归纳、判断、推理等方法找出研究对象的本质与规律，形成新认识的过程。作者应当依据正文部分的资料得出自己的结论，并对结论进行分析与讨论。结论不宜过长，文字应简洁凝练，措辞严谨，逻辑严密。

（8）致谢

有的教学研究得到了机构或个人的指导、支持，在这一部分表达谢意是一种礼节与文章书写习惯。

（9）参考文献

参考文献是指作者为进行研究、撰写论文而引用的已有的相关文献信息资源。参考文献的信息是对论文的有力支撑，文中引用的观点、数据、概念等很多都来源于此。注明参考文献，是对原文作者研究的肯定与尊重，是个人学术规范、学术道德的体现。同时，注明参考文献也为他人检索、引用、深入研究某些问题提供了线索。我国也规定了参考文献著录的相应标准，但不同的期刊还根据国家标准制订了自己的特殊文献格式规定，在投稿时需要注意。

3.1.2　论文写作的基本要求

化学教学研究是一种科学研究活动，化学论文作为其成果表达呈现形式也相应地有一定的写作要求。

（1）科学实用，实事求是

科学性既是研究论文的最基本要求，也是教育研究论文质量高低的基本评判标准。论文写作必须真实可信、实事求是，不可夸大其词，亦不需妄自菲薄。必须保证论文数据的真实性以及研究方法的科学性，力求将具有实际意义的研究成果呈现

初

中化学教师专业能力必修

Chu Zhong Hua Xue Jiao Shi Zhuan Ye Neng Li Bi Xiu

给读者。需要注意的是，科学性与可读性并不矛盾，对于化学教学研究论文而言，其读者往往包括中学教师以及化学教育专业的本科生、研究生，过于晦涩的写法将降低文章的可读性。优秀的论文应该具备凝练的行文风格、清晰的逻辑结构以及一定的通俗性。

（2）主题新颖，内容充实

主题是论文的灵魂，新颖的、原创性的主题能够更好地吸引读者，启发读者进行创造性思考。但标题华丽、内容浅薄的文章仍然不是一篇优秀论文。只有在创新主题的基础上，基于教学实践进行全面、深入、系统的研究，研究者才能够在研究过程中"有感而发"、在论文写作时"言之有物"，才能保证论文内容的丰满与充实，才能使读者读后能有所收获、思考乃至再创作、再研究。

（3）框架合理，设计巧妙

作为一篇研究性论文，其框架必须清晰合理，具有层次性，符合行文逻辑。在文章设计上应当符合读者的思维习惯，重点突出，详略得当。表格与图片作为文字论述不可或缺的补充，应合理编排。应选择典型数据或有代表性的资料在论文中呈现，同时注意图表顺序与位置。合理巧妙地在论文中使用非文字资料可以提高研究的可信度与科学性，避免冗长的论述，有力支撑作者的论证，简明突出地表达、强调作者的观点。但在使用插图与表格时要注意严格按照期刊的要求绘制图表，力求规范化、标准化。

总之，研究论文是化学教学研究成果的升华与直接体现，在一定程度上标志着研究者的研究水平与学术能力。为了便于研究成果的发表与传播，研究者最好时常阅读期刊学术论文，明确不同期刊的栏目设置与用稿需求，体会论文写作的精要所在。

3.2 化学教学研究专利

专利是一个法律名词，原意是指由国王亲自签署的带有玉玺印章的独占权利证书。在没有法律制度的社会，只有国王才有权授予这种独占权利，因此这种证书具有垄断性。但这种证书没有密封，任何人都可以打开看，所以在内容上这种证书是公开的。因此，垄断性和公开性是这种证书的特点，也是专利至今仍然保留的两个特性。除此之外，专利还具有明确的时间性和地域性。所谓时间性，即专利权在一定时间内有效，保护期满，该发明便成为全社会的共同财富。地域性，指一个国家授予的专利权只在授予国本国有效，对其他国家没有约束力。因此，一项重要的发明创造要在国际范围内得到保护，就必须在多个国家申请专利保护。

一般人们所说的专利就是专利权，这也是专利的核心内容。专利权即法律保障发明者在一定时期内独自享有的利益。在不同的国家，专利有不同的类型。我国《专利法》将专利分为发明专利、实用新型专利和外观设计专利三种类型。并非所有的发明都能申请专利，如我国《专利法》规定，科学发现、智力活动的规则和方法、疾病的诊断和治疗方法、动物和植物新品种、用原子核变方法获得的物质等都不能被授予专利权。对发明专利和实用新型专利而言，还必须具备新颖性、创造性和实用性才可申请成功。

实行专利制度的国家及国际性专利组织在审批专利过程中产生的官方文件及出版物的总称叫作专利文献。具体包括：

（1）详细叙述发明创造具体内容及其专利保护范围的各种类型的专利说明书（可以是印刷型、缩微型、磁盘、光盘等）；

（2）刊载专利文摘、专利题录、专利索引和专利公报的各种出版物；

（3）专利检索工具书和分类表等。

一般而言，专利文献中最受关注的就是专利说明书了。这是花费不多即可买到的技术资料。而申请专利时提交资料的核心也是专利说明书。

在化学领域，专利不仅仅是化学专业研究者或者大学教师科学研究成果的体现形式。在进行中学化学教学研究时也经常会出现新发明，产生新专利。

3.2.1　化学教学研究专利说明书的撰写

申请专利时，最重要的环节莫过于专利说明书的撰写。不同的国家对专利说明书有不同的称呼，如我国称之为"专利申请公开说明书"或"发明专利申请审定说明书"，美国称为"United States Patent"，英国称为"Patent Specification"，日本称为"公开特许公报"或"特许公报"。

专利说明书的作用在于清楚、完整地公开新的发明创造的信息，确定法律保护的范围。各国专利说明书格式大同小异，且日益趋于统一。我国的专利说明书一般包括如下内容：标头部分、权利要求书、说明书、附图。

（1）标头部分——专利文献著录项目

标头部分包括了专利信息的全部特征，首先是法律信息，包括申请号、申请日期、专利申请人（或专利权人）、发明人、申请公开日期、审查公告日期、批准专利的授权日期等；其次是专利的技术信息，包括发明创造的名称、发明内容的摘要以及发明中具有代表性的图表或者公式等。

为了便于专利文献著录项目的识别、检索与管理，巴黎联盟专利局兼情报检索国际合作委员会（ICIREPAT）为专利文献著录项目制定了国际标准统一代码（INID），由圆圈或括号括起来的两位阿拉伯数字标示。

需注意，发明名称应完整准确、简明清晰地描述发明内容，如"一种化学元素周期表教学用具""化学实验教学中氯气的尾气处理装置"等。摘要部分主要用来简明阐述发明的名称、主要内容（构成）、有何用途、作用及优势等，字数不宜过多。

初 中化学教师专业能力必修

Chu Zhong Hua Xue Jiao Shi Zhuan Ye Neng Li Bi Xiu

(19) 中华人民共和国国家知识产权局

(12) 实用新型专利

(10) 授权公告号 CN 202196538 U
(45) 授权公告日 2012.04.18

(21) 申请号 201120371039.6

(22) 申请日 2011.09.21

(73) 专利权人 李庆德
　　 地址 272100 山东省济宁市兖州市山拖小区
　　　　 5 号楼东二单元 2 层西

(72) 发明人 李庆德

(51) Int. Cl.
　　 G09B 23/24 (2006.01)

权利要求书 1 页　说明书 2 页　附图 1 页

(54) 实用新型名称
　　 钠与水化学反应用实验装置

(57) 摘要
　　 本实用新型公开了一种钠与水化学反应用实验装置,它包括,U 形管 (1),在所述 U 形管 (1) 内设有滴有酚酞的蒸馏水 (2),所述 U 形管 (1) 的右端设有第一橡胶塞 (5),所述第一橡胶塞 (5) 上插有与所述蒸馏水 (2) 相通的出气管 (6) 和钢针 (4),所述钢针 (4) 上且在插入蒸馏水 (2) 的一端设有钠块 (3),所述 U 形管 (1) 的左端设有第二橡胶塞 (7),所述第二橡胶塞 (7) 上插有漏斗 (8),采用上述结构,实现了安全,方便检验钠的性质的目的。

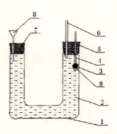

CN 202196538 U

图 3-1　中国专利说明书首页一例①

(2) 权利要求书

　　此部分内容一般列述申请人要求保护的范围,用词应严谨、准确。专利局审查时一般将此部分内容作为确定专利权的主要依据。同时,权利要求书也是判定发明是否具有专利性的主要法律依据。

　　权利要求书一般分为两部分,第一部分应全面地描述创造发明的所有构成以及各部分之间的关系,并给各组成部分进行编号。各组成部分之间的相应关系以及编号应与专利文献著录项目中的摘要内容一致。亦即要从整体上反映发明的技术方案,记载解决技术问题的必要技术特征。第二部分描述创造发明中的技术特征,主要是发明的创新点、新颖之处以及实用之处。

　　权利要求书是今后专利纠纷的依据和准绳,撰写时务必表述全面、翔实。

────────────────────

① 李庆德. 钠与水化学反应用实验装置. 中国:201120371039.6 [P]. 2012-04-18.

CN 201744299 U　　　　权 利 要 求 书　　　　1/1 页

1. 一种化学实验教学中氯气的尾气处理装置，包括桶体 (1)、氯气输入管 (3) 和连接管 (4)，氯气输入管 (3) 和连接管 (4) 固定连接，其特征在于：在桶体 (1) 的腔内设有密封罩 (2)，氯气输入管 (3) 插入密封罩 (2) 腔内的上部，在氯气输入管 (3) 下端固定上分配管 (5)，分配管 (5) 的下侧均匀布设有 4 根排放气体的支管 (6)。

2. 根据权利要求 1 所述的化学实验教学中氯气的尾气处理装置，其特征在于：所述的桶体 (1) 的内壁上对称设有两个滑轨 (7)，在密封罩 (2) 的外壁上设有与滑轨 (7) 相对应的滑槽，滑槽卡在滑轨 (7) 上。

3. 根据权利要求 1 所述的化学实验教学中氯气的尾气处理装置，其特征在于：所述的密封罩 (2) 的顶部设有液体加入管 (8)，在液体加入管 (8) 上设有阀门 (9)。

图 3－2　中国专利说明书中权利要求书一例①

(3) 说明书

说明书应清楚、完整地描述发明创造的技术内容。我国的专利说明书大致包括以下几个部分。

①发明背景

用以指出本发明创造所属的技术领域，表明有利于理解、检索发明的背景技术，提出现有技术水准不足之处。

CN 201936532 U　　　　说 明 书　　　　1/2 页

一种化学元素周期表教学用具

技术领域

[0001]　本实用新型涉及一种教学用具，尤其涉及一种化学元素周期表教学用具。

背景技术

[0002]　在中学阶段，化学的学习往往成为学生学习的拦路虎，其根本原因在于对元素周期表的理解不到位，因此导致元素的化学性质记不清，学不懂化学。

[0003]　虽然，在教科书中将各元素进行了顺序排列，并由此构成了元素周期表，然而，此种形式的元素周期表无法有效提升学生对化学元素的理解，在提高学生的化学成绩方面成效甚微。

图 3－3　中国专利说明书发明背景部分一例②

②发明概述

此部分主要介绍本发明创造的概况以及本发明创造的实现方法，说明发明创造各要素的功能及效果；说明发明创造要解决的问题及相应方案，并写明本发明创造的效果。

① 付云．化学实验教学中氯气的尾气处理装置．中国：201020293471.3 [P]．2011－02－16.

② 王晨宇．一种化学元素周期表教学用具．中国：201120021911.4 [P]．2011－08－17.

实用新型内容

[0004]　本实用新型针对现有技术的弊端,提供一种化学元素周期表教学用具。

[0005]　本实用新型所述的化学元素周期表教学用具,包括底座、支架、以及标识板,所述标识板包括依化学元素由小到大顺序而顺时针螺旋设置的多个化学元素标识牌、以及径向设置有开口的遮挡板,且所述遮挡板设置于多个化学元素标识牌之上;当所述遮挡板做圆周转动时,其径向的开口显露出化学元素标识牌。

[0006]　本实用新型所述的化学元素周期表教学用具中,所述支架一端固定于底座,该支架另一端垂直穿过多个化学元素标识牌的螺旋圆圈,该支架另一端同时还穿过遮挡板的中心。

[0007]　本实用新型所述的化学元素周期表教学用具中,所述遮挡板为圆盘形,该圆盘形的外形尺寸与多个化学元素标识牌构成的螺旋外形尺寸相同。

[0008]　本实用新型所述的化学元素周期表教学用具中,所述遮挡板上的开口为扇形。

[0009]　本实用新型所述的化学元素周期表教学用具中,所述化学元素标识牌为LED显示屏。

[0010]　本实用新型所述的化学元素周期表教学用具中,所述遮挡板的中心设置有驱动该遮挡板做圆周运动的电动机构。

[0011]　本实用新型所述的化学元素周期表教学用具中,将遮挡板设置为可转动形式,当其转动时,可逐渐显露出化学元素标识牌,而该逐渐显露出的化学元素标识牌的变化规律也对应了化学元素周期表的变化规律,同时也反应了化学元素化学性质的变化规律。通过本实用新型所述的化学元素周期表教学用具可直观了解化学元素化学性质的变化规律,提升学生学习化学过程中的乐趣和学习效果。

图 3-4　中国专利说明书发明概述一例[①]

③附图说明及最佳方案的叙述

此部分意在详细叙述发明内容,如有图,则应结合立面图、剖面图、流程图等加以说明。这是说明书中最重要的部分,它提供了解决技术问题最佳方案的情报。

附图说明

[0008]　图 1 为本实用新型的结构剖视示意图。

具体实施方式

[0009]　参照附图 1 制作本实用新型。该化学实验教学中氯气的尾气处理装置,包括桶体 1、氯气输入管 3 和连接管 4,氯气输入管 3 和连接管 4 固定连接,使用时,将连接管 4 与制取氯气的实验装置上的排气管相连接,其特征在于:在桶体 1 的腔内设有密封罩 2,氯气输入管 3 插入密封罩 2 腔内的上部,在氯气输入管 3 下端固定上分配管 5,分配管 5 的下侧均匀布设有 4 根排放气体的支管 6,在密封罩 2 和桶体 1 的腔内盛有 NaOH 溶液,氯气经过连接管 4、氯气输入管 3,进入分配管 5,通过分配管 5 将氯气均匀分配给 4 根排放气体的支管 6,最后从排放气体的支管 6 通入 NaOH 溶液中与 NaOH 溶液接触反应,由于此时每根排放气体的支管 6 的气流量较小,可以与 NaOH 溶液完全反应,故不会产生污染。

[0010]　所述的桶体 1 的内壁上对称设有两个滑轨 7,在密封罩 2 的外壁上设有与滑轨 7 相对应的滑槽,滑槽卡在滑轨 7 上,并沿滑轨 7 上下滑动,如果从排放反应支管 6 流出的气体不能完全反应,这些气体会暂时储存在密封罩 2 的上部,从而使密封罩 2 沿滑轨 7 向上滑动,这些气体与溶液的上表面接触,慢慢反应最后完全消除。

[0011]　所述的密封罩 2 的顶部设有液体加入管 8,在液体加入管 8 上设有阀门 9,以便在使用时,可以从液体加入管 8 处加入 NaOH 溶液,直到加满密封罩 2 和桶体 1 的内腔。

[0012]　在做制取氯气的实验时,连接好气体发生装置、净化装置、收集装置和本实用新型后,检查整套装置的气密性,在发生装置中加好试剂,向本实用新型中注入 NaOH 溶液,关闭阀门 9,即可开始实验。

图 3-5　中国专利说明书中附图说明一例[②]

---

① 王晨宇. 一种化学元素周期表教学用具. 中国:201120021911.4 [P]. 2011-08-17.

② 付云. 化学实验教学中氯气的尾气处理装置. 中国:201020293471.3 [P]. 2011-02-16.

（4）附图

附图的作用是进一步阐释发明创造的内容。附图只是发明的示意图，对尺寸与比例并无严格的要求。若文字可表达清楚发明专利申请说明书，附图不是必需部分。但一般实用新型的专利申请说明书必须带附图。

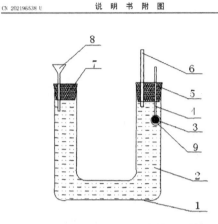

图 3—6 中国专利申请说明书中附图一例①

3.2.2 化学教学研究专利的检索

对中小学教师而言，可以利用的文献资源除了各种图书、期刊之外，教学专利也是很好的信息来源。无论是自己有了新发明、新创造需要申请专利，还是为新的教学方法、教学工具寻找灵感，都离不开教学研究专利的检索。

随着网络技术的进步，网络专利文献检索成为更便捷高效的检索方式，也更适合中小学教师使用。

许多国家的知识产权机构都推出了公布本国的专利、商标及其他相关信息的网址。例如：

中国国家知识产权局官方网站 http：//www. sipo. gov. cn/，该网站提供申请专利号、名称、摘要、分类号、申请（专利权）人等 16 项检索入口。

欧洲专利局专利信息官方网站 http：//ep. espacenet. com/，该网站支持英、法、德语的专利检索，并可下载和显示近两年内欧洲专利局通过的专利申请的全文扫描图像（PDF 格式）。

美国专利与商标局官方网站 http：//uspto. gov/，可免费检索 1970 年以来的美国专利文献。此网站还提供了美国专利信息申请、发布、审查流程以及美国知识产权法规等信息。

除了各国知识产权管理部门的网站外，一些世界专利组织和公司也提供专利检索服务。例如：

---

① 李庆德．钠与水化学反应用实验装置．中国：201120371039.6［P］．2012—04—18

Delphion 知识产权网 http：//www. delphion. com/，是 Internet Group 与 IBM 公司成立的专门提供专利检索服务的网站。该网站旨在建立网上查询、分析、买卖专利技术等知识产权信息的在线市场。

世界知识产权组织（WIPO）于 1998 年建立了知识产权数字图书馆 http：//wipo. int/wipogold/en/，为用户提供电子化的知识产权信息服务。

另外，中国知网的中国专利数据库也提供专利文献查询服务，从中可以按专利名称、关键词、摘要、全文、申请号、公开号、分类号、申请人、发明人、地址、专利代理机构、代理人、申请日、公开日、专利类别等进行查询。

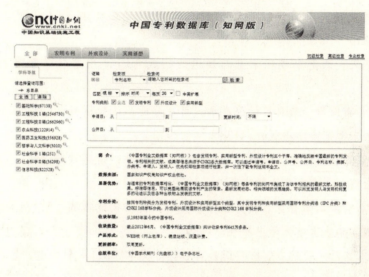

图 3—7　中国知网专利检索界面

参考文献

[1] 刘克文. 从生活世界到科学世界——新课程理念下化学教学范式的重要转型 [J]. 化学教育，2007，(5)：8—10.

[2] 刘克文. 科学素养：当代科学教育改革的主旋律 [J]. 教育科学研究，2007，(10)：16—18.

[3] 刘克文. 试论中学化学基础知识的构成 [J]. 中学化学教学参考，2003，(6)：9—11.

[4] [美] 布卢姆. 教育目标分类学（第一分册，认知领域）[M]. 罗黎辉，等，译. 上海：华东师范大学出版社，1986.

[5] [美] 克拉斯沃尔，布卢姆. 教育目标分类学：情感领域 [M]. 施良方，张云高，译. 上海：华东师范大学出版社，1989.

[6] [美] 哈罗，辛普森. 教育目标分类学：动作技能领域 [M]. 施良方，唐晓杰，译. 上海：华东师范大学出版社，1989.

[7] [美] 洛林·安德森. 布卢姆教育目标分类学 [M]. 蒋小平，等，译. 北京：外语教学与研究出版社，2009.

[8] 王祖浩. 全日制义务教育化学课程标准解读 [M]. 武汉：湖北教育出版社，2000.

[9] 蒋永贵. 究竟什么是"真"科学探究 [J]. 当代教育科学，2009，(14)：32—34.

[10] 李俊. 人教版新课标化学教科书中"科学探究"的编制解析与实施建议 [J]. 化学教育，2003，(9)：12—14.

[11] 郝玉梅. 浅谈如何引导学生提出有探究价值的化学问题 [J]. 化学教学，2008，(1)：38—40.

[12] 马慧琳. 化学实验是进行科学探究的重要途径 [J]. 教学仪器与实验，2002，(6)：3—4.

[13] 刘克文. 中学化学教育实习行动策略 [M]. 吉林：东北师范大学出版社，2007.

[14] 高秀岭等. "醇类"实践教学实录 [J]. 化学教育，2012，(5)：37—40.

[15] 高秀岭. 趣味化学 [M]. 北京：团结出版社，2007.

[16] 韩庆奎，张雨强. 多元智能化学教与学的新视角 [M]. 济南：山东教育出版社，2008.

[17] 沈理明. 化学教学研究 [M]. 江苏：江苏大学出版社，2010.

[18] 王后雄. 新理念化学教学论 [M]. 北京：北京大学出版社，2009.

[19] 施良方，崔允漷. 教学理论：课堂教学的原理、策略与研究 [M]. 上海：华东师范大学出版社，2009.

[20] 陈子康，张连水，李华民. 化学文献检索与应用导引 [M]. 北京：北京师范大学出版社，2008.

[21] 叶澜. 教育研究方法论初探 [M]. 上海：上海教育出版社，1999.

[22] 裴娣娜. 教育研究方法导论 [M]. 合肥：安徽教育出版社，1995.

[23] 袁振国. 教育研究方法 [M]. 北京：高等教育出版社，2000.